LE CLUB DES DÉTECTIVES
PAR BERKELEY
LIBRAIRIE HACHE
THE A.B.C. MURDERS
AGATHA CHRISTIE
G.K. CHESTERTON
The Man Who Was THURSDAY
DOROTHY L. SAYERS
GAUDY NIGHT
A POISON-PEN, TAKE WIMSEY TO OXFORD
THE PRISON
THE OPAL
A.E.W. MASON
A.E.W.
SON
DOROTHY L. SAYERS
THE SCARLET PIMPERNEL
BARONESS ORCZY
THE BRITISH CHARACTER.
THE WISDOM OF FATHER BROWN
G.K. Chesterton
W.MASON
SAYERS
W0292542

LE DETECTION CLUB

JEAN HARAMBAT

Le Detection Club

Mise en couleur : Jean-Jacques Rouger

DARGAUD

PARIS BARCELONE BRUXELLES HONG KONG LAUSANNE LONDRES MONTREAL NEW YORK SHANGHAI

Detection Club :
Association d'auteurs britanniques de romans policiers fondée à la fin des années 1920. Ce club rassemble les ténors du roman à énigme.

Dictionnaire des littératures policières

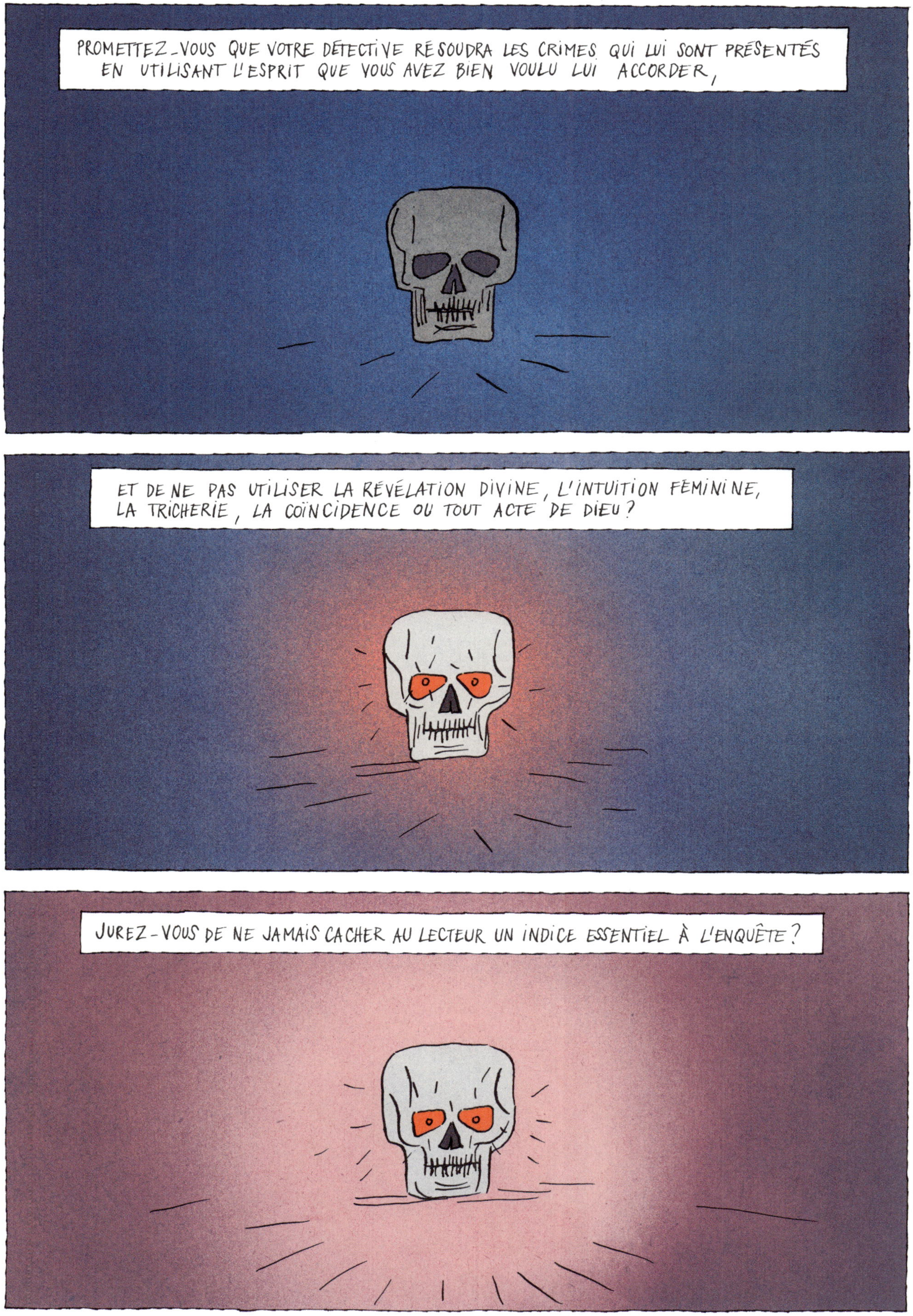
PROMETTEZ-VOUS QUE VOTRE DÉTECTIVE RÉSOUDRA LES CRIMES QUI LUI SONT PRÉSENTÉS EN UTILISANT L'ESPRIT QUE VOUS AVEZ BIEN VOULU LUI ACCORDER,
ET DE NE PAS UTILISER LA RÉVÉLATION DIVINE, L'INTUITION FÉMININE, LA TRICHERIE, LA COÏNCIDENCE OU TOUT ACTE DE DIEU ?
JUREZ-VOUS DE NE JAMAIS CACHER AU LECTEUR UN INDICE ESSENTIEL À L'ENQUÊTE ?

JUREZ-VOUS D'ÊTRE LOYAL AU DETECTION CLUB ?
JUREZ-VOUS DE RESPECTER LE DÉCALOGUE DE KNOX ?
PROMETTEZ-VOUS D'HONORER LE ROI DES ANGLAIS ?
I DO !
ET JE PROMETS, EN OUTRE, DE NE JAMAIS VOLER OU DÉVOILER UNE INTRIGUE OU TOUT AUTRE SECRET QUI M'A ÉTÉ COMMUNIQUÉ AVANT SA PUBLICATION PAR UN MEMBRE DU CLUB, QUE CE SOIT SOUS L'EFFET DE L'ALCOOL OU AUTRE.
SI UN MEMBRE EST CONTRE L'INTÉGRATION, QU'IL SE DÉCLARE !
JOHN DICKSON CARR, VOUS ÊTES DÛMENT ÉLU MEMBRE DU DETECTION CLUB !
HURRAH !
CHEERS !
PAN
PAN
PAN

Le Detection Club

G. K. Chesterton
Président du Detection Club depuis sa création en 1930. Journaliste, essayiste, romancier, biographe, poète, ce monument des lettres anglaises est le père de l'abbé Brown, le célèbre prêtre détective.

Agatha Christie
La « duchesse du crime » qui a créé, dans le roman *La Mystérieuse Affaire de Styles*, en 1920, le détective belge Hercule Poirot, fameux dans le monde entier.

John Dickson Carr
Un maître américain du roman policier et en particulier des énigmes « en chambre close ». Il vient de faire paraître *Trois cercueils se refermeront*, une enquête du Dr Gideon Fell.

Dorothy L. Sayers
La créatrice de Lord Peter, le détective aristocrate, est également une théoricienne du roman à énigme et contribue à promouvoir le genre en publiant des anthologies de nouvelles policières.

Le major A. E. W. Mason
Célèbre pour ses romans d'aventures comme *Les Quatre Plumes blanches*, cet homme d'action au passé mouvementé a inventé l'inspecteur Hanaud.

La baronne Emma Orczy
Romancière, artiste et dramaturge d'origine hongroise, la baronne est la mère du *Vieil Homme dans le coin*, le détective immobile, et de *Lady Molly de Scotland Yard*.

Le père Ronald Knox
Premier prêtre à écrire des histoires policières, il est aussi l'instigateur des études holmésiennes avec son essai *Études sur la littérature de Sherlock Holmes*. Il a codifié les dix règles d'or du roman policier.

Les dix règles d'or
du roman policier :

1. Le criminel doit être quelqu'un mentionné plus tôt dans l'histoire, mais pas quelqu'un dont le lecteur a pu suivre les persées.

2. Le détective ne dcit pas utiliser de techniques surnaturelles pour résoudre une affaire.

3. L'usage de plus d'un passage secret ne saurait être toléré. Même dans le cas d'un seul passage secret, il faudrait que l'action se passe dans une maison où la présence de ce type de dispositif était prévisible.

4. Des poisons inconnus ne peuvent être utilisés, ni aucune machine, de telle sorte que le lecteur ne soit pas embarrassé par une longue explication scientifique en conclusion.

5. Aucun Chinois ne doit figurer dans l'histoire.

6. Aucun accident ne doit aider le détective. De même, on ne doit avoir recours à aucune intuition divine inexplicable. Toutes ses intuitions doivent avoir une origine et se confirmer par la suite.

7. Le détective ne doit pas commettre lui-même le crime.

8. Le détective ne doit pas utiliser des indices qui n'ont pas été présentés au lecteur pour résoudre l'affaire.

9. Les observateurs ont le droit de tirer et présenter leurs propres conclusions.

10. Il ne doit pas être fait usage de jumeaux ni d'habiles déguisements.

LE ROMAN POLICIER EST UN JEU DE L'OIE, ET DANS CE JEU...
LE LECTEUR N'AFFRONTE PAS LE CRIMINEL MAIS L'AUTEUR !
L'OBJECTIF DU RÉCIT À ÉNIGME N'EST PAS DE FAIRE L'OBSCURITÉ MAIS LA LUMIÈRE...
LE CÔTÉ NÉBULEUX N'EST QU'UN ÉCRAN DE FUMÉE DESTINÉ À RÉVÉLER DANS TOUTE SA SPLENDEUR L'INSTANT OÙ TOUT S'ÉCLAIRE. LE MYSTÈRE DOIT RESTER SIMPLE.
FLIP FLAP FLIP
LA SOLUTION DOIT SE SUFFIRE À ELLE-MÊME, DÉLIVRÉE COMME UN MURMURE...
FLAP
FLIP
ENFIN, N'OUBLIONS PAS QUE, DANS LA CLASSIFICATION DES ARTS, LE MEURTRE MYSTÉRIEUX APPARTIENT À LA VASTE ET JOYEUSE CONFRÉRIE DES CHOSES QUALIFIÉES DE...
FLAP
YOCC
FLIP
FLAP
...PLAISANTERIES !

DETECTION CLUB !
DETECTION CLUB!
DETECTION CLUB!
UN MESSAGE POUR LE DETECTION CLUB !
BZZZZZ
POC POC
VOYONS CE QUE CE VILAIN OISEAU A DANS LE BEC.
Chers membres du Detection Club,
Permettez-moi de vous inviter à la villa Briarcliff, sur mon île en Cornouailles, à Pentreath, à la date du 1er avril.
Le défi et l'enchantement vous y attendent. Le Nouveau est en route, chers écrivains. L'avenir est gros d'espérances et de promesses. Venez assister à la renaissance de la fiction policière, à la proposition de l'œuvre parfaite, hardie, achevée, close.
C'est au comble de l'excitation que j'attends votre visite, chers membres du DC. Je n'accepterai aucun refus !
Believe me at all times with admiration and respect, your faithful and obliged servant,
Mr Roderick Ghyll
LA VILLA BRIARCLIFF ?
FLIP FLIP
FLIP FLAP

Partie I :
Une île en Cornouailles

Ce qu'on cherche, on peut le trouver,
mais ce qu'on néglige nous échappe.

Sophocle, *Oedipe roi*

Au commencement de notre histoire, les membres du Detection Club, les meilleurs spécimens du roman policier, ceux de l'âge d'or du *detective novel*, voguaient vers une île de Cornouailles, face à Pentreath.

NOUS VOICI BIENTÔT À LA BRIARCLIFF VILLA.
GHYLL A ACHETÉ L'ÎLE ET EN A FAIT SON LABORATOIRE...
REGARDEZ LA VILLA QUI DOMINE LA CÔTE.
SON TERRAIN DE JEU...
UN CHÂTEAU DANS LA MER !
QU'EST-CE QUE CE GHYLL ? DE QUELLE PLANÈTE EST-IL ?
DU PAYS DE GALLES, JE CROIS, M'DAME, SI ÇA RÉPOND À VOT' QUESTION.
UN HOMME QUI SE PROMÈNE JAMAIS SANS QUELQUES BILLETS DE CENT LIVRES DANS LES POCHES, M'DAME !
EVE
LE VOILÀ !
CHESTERTON, POUR L'AMOUR DU CIEL, NE VOUS PENCHEZ PAS !
BIENVENUE CHERS AMIS, BIENVENUE ! HAHA !

CAPITAL! CAPITAL!
HAHA! MES AMIS, JE VOUS CONNAIS SI BIEN! LES REINES DU CRIME, LES PHILOSOPHES DU ROMAN À ÉNIGME, LES AVENTURIERS DU MYSTÈRE...
JE SUIS RODERICK GHYLL!
BIENVENUE À LA BRIARCLIFF VILLA. VOUS ÊTES ICI CHEZ MOI, VOUS ÊTES ICI CHEZ VOUS!
HAHA! QUELLE JOIE DE VOUS RECEVOIR TOUTES ET TOUS! CAPITAL! CAPITAL!
VENEZ, VENEZ!
PLEASE, VEUILLEZ ME SUIVRE!
PLEASE!
FLIP FLAP
VRRR
VRRR

Certains amateurs de littérature considèrent le roman policier comme une perte de temps. Je suis tenu d'ajouter que perdre mon temps n'est pas une activité qui me déplaît. « Sept romanciers à énigmes s'en allèrent au bord de la mer. » Ces mots sonnent comme le début d'une comptine ou d'un *limerick* d'Edward Lear.

Les écrivains suivaient leur hôte sur son étrange engin avec politesse et curiosité. Ce n'était pas la première fois qu'ils voyaient un milliardaire mais ils n'en avaient jamais vu d'aussi jovial. Ghyll débordait de cette confiance en soi que donnent le succès et l'argent. Il avait fait fortune, une immense fortune, disait-on, dans la vente à domicile de machines à brosser les vêtements aux États-Unis, mais surtout grâce à un mariage fructueux. Fortune qu'il investit aussitôt dans les transmissions, puis dans l'armement en 1916 : un moment florissant...

NOUS Y SOMMES !
HAHA !
VRRRR
C'EST LA TOUR DE BABEL !

JE NE VOIS PAS DE VIEILLES HACHES ACCROCHÉES AU MUR COMME DANS TOUTE DEMEURE DIGNE DE CE NOM...
PAS LE GENRE DE LA MAISON.
DÉBARRASSONS-NOUS DES AMABILITÉS D'USAGE !
L'INDISPENSABLE FU YA NOUS SERVIR UNE COLLATION.
IL EST CHINOIS OU QUELQUE CHOSE COMME ÇA. MA FEMME S'EST ENTICHÉE DE LUI QUAND NOUS ÉTIONS AUX AMÉRIQUES...
ELLE TROUVE DANS SON AIR CONSTIPÉ UNE EXPRESSION DE SAGESSE ORIENTALE !
THÉ, MONSIEUR ?
NON MERCI, JE SUIS AMÉRICAIN.
BOURBON EN CE CAS ?

Madame Ghyll entra dans la pièce, belle comme un rêve de poète. Elle avait plus de courbes qu'une route côtière méditerranéenne.

On disait que Roderick Ghyll devait sa réussite à sa première épouse et sa seconde épouse à sa réussite. C'était l'espèce de femme devant laquelle les hommes battent des nageoires comme des otaries.

Mason, Carr et Knox redressèrent leur cravate et rentrèrent leur ventre. Chesterton n'essaya même pas, mais c'est à lui qu'elle s'adressa.

ON FAIT DE SON MIEUX...
SMACK
TOLSTOÏ N'EST PAS MAL NON PLUS...
POUR COMMENCER À AVOIR DU TALENT, UN AUTEUR DOIT ÊTRE MORT DEPUIS SOIXANTE-QUINZE ANS.
IL VOUS RESTE ENCORE À RENCONTRER UN HABITANT DE CETTE VILLA : C'EST MON AMI ÉRIC... HAHA!
C'EST POUR LUI QUE VOUS ÊTES LÀ, BIEN QUE VOUS L'IGNORIEZ! LE RENDEZ-VOUS AURA LIEU DANS UNE HEURE, AVANT LE DÎNER.
VOUS, LES PROFESSIONNELS DU COUP DE THÉÂTRE, PRÉPAREZ-VOUS À UNE SURPRISE DE TAILLE! HAHA!
SPLASH
SPLASH
IIIIKK

AGATHA, VOUS ÊTES SUPERBE: UNE VRAIE PIÈCE MONTÉE. ON VOUS MANGERAIT!
JE N'EN DOUTE PAS UNE SECONDE.
BIEN SÛR, DANS L'EXERCICE DE LA DESCENTE D'ESCALIER, JE NE VAUX PAS CETTE CRÉATURE DU GENRE HÉLÈNE DE TROIE QUI VOUS COMPLIMENTE SUR VOS LIVRES, GILBERT...
BAH, VOUS VOUS EN SORTEZ BIEN. QUE PENSEZ-VOUS DE MON GILET?
DICKENS N'AURAIT PAS OSÉ LE METTRE! CE DEVRAIT ÊTRE UNE INFRACTION CRIMINELLE.
ON M'A DEMANDÉ L'ADRESSE DE MON TAILLEUR...
SANS DOUTE POUR L'ÉVITER!
VOILÀ KNOX ET MASON.
COMMENT ÇA VA, LE ROUGE ET LE NOIR?
AVEZ-VOUS REMARQUÉ LES DRÔLES DE MACHINES UN PEU PARTOUT?
C'EST LA BIBLE QUE VOUS TENEZ SANS ARRÊT AVEC VOUS PÈRE KNOX?
NON: L'INTÉGRALE DES HISTOIRES DE SHERLOCK HOLMES.

AH, CHERS AMIS, VOUS VOILÀ TOUS RÉUNIS ! CAPITAL ! CAPITAL !
LE DOCTEUR ZUMTOD VA DÉVOILER DEVANT VOUS LE SENSATIONNEL ERIC. TENEZ-VOUS PRÊTS, CHERS AUTEURS.
ALLEZ-Y, ZUMTOD.
S'IL RÉPÈTE ENCORE UNE FOIS "CAPITAL", JE ME JETTE PAR LA FENÊTRE.
TCHAK

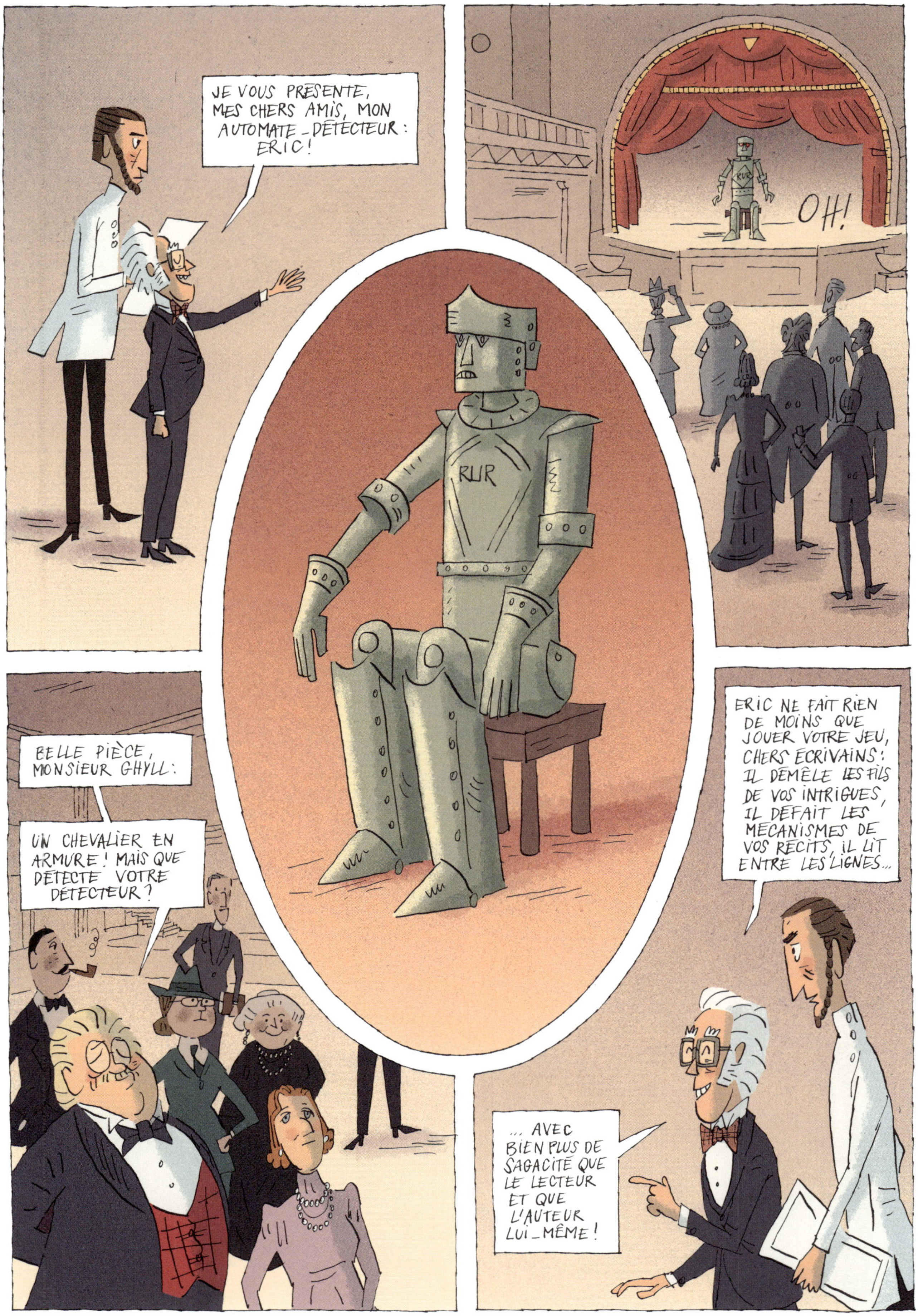
JE VOUS PRÉSENTE, MES CHERS AMIS, MON AUTOMATE-DÉTECTEUR : ERIC !
OH !
RUR
BELLE PIÈCE, MONSIEUR GHYLL.
UN CHEVALIER EN ARMURE ! MAIS QUE DÉTECTE VOTRE DÉTECTEUR ?
ERIC NE FAIT RIEN DE MOINS QUE JOUER VOTRE JEU, CHERS ECRIVAINS : IL DÉMÊLE LES FILS DE VOS INTRIGUES, IL DÉFAIT LES MÉCANISMES DE VOS RÉCITS, IL LIT ENTRE LES LIGNES...
... AVEC BIEN PLUS DE SAGACITÉ QUE LE LECTEUR ET QUE L'AUTEUR LUI-MÊME !

Eric était le premier robot britannique, construit par le capitaine vétéran William H. Richards en 1928. Sur la poitrine de la machine étaient inscrites les lettres RUR (« Rossum's Universal Robots ») en référence à la pièce de théâtre du dramaturge tchèque Karel Čapek, inventeur du mot « robot ». L'homme d'étain avait été bâti par Richards pour suppléer à l'absence du duc d'York, toujours en retard pour inaugurer le Royal Horticultural Hall de Londres. Le robot prononça une allocution lors de l'événement et, fort de son succès, fit une tournée avec son créateur aux États-Unis, où il disparut mystérieusement en 1930.

Roderick Ghyll et Zumtod avaient mis la main en secret sur Eric et l'avaient « amélioré ». Les membres du DC étaient sur le point de s'en rendre compte.

Quand Zumtod eut achevé la description sommaire du *Double assassinat dans la rue Morgue* de Poe, le robot fut secoué de frissons, des pieds à la tête. Même ses yeux semblaient s'animer. Il se leva et articula fortement d'une voix d'outre-tombe :

Roderick Ghyll éclata d'un rire qui s'entendit probablement sur les côtes françaises. Euphorique, Ghyll était assis sur un nuage rose au sommet de l'univers. Il triomphait. Il jubilait.

Les membres du Detection Club fixèrent un long moment l'automate avec ce qu'il convient d'appeler une vive stupéfaction, leurs yeux atteignant la taille réglementaire des balles de tennis.

Quant à Agatha, elle se redressa de toute sa hauteur et prit un air sévère.

ÇA DÉPASSE L'ENTENDEMENT!
IL Y A UN TRUC! C'EST INCONCEVABLE!
J'AI BESOIN D'UN VERRE!
VOUS SOUVENEZ-VOUS DE L'AUTOMATE JOUEUR D'ÉCHECS QUI VAINQUIT CATHERINE II DE RUSSIE?
IL Y AVAIT UN HOMME AMPUTÉ DISSIMULÉ À L'INTÉRIEUR.
JE VOUS EN PRIE...
PAS DE SOUPÇON INSULTANT! JE VOUS LAISSE INSPECTER, MONSIEUR CARR. ALLEZ-Y...
APPROCHEZ-VOUS DE LA MACHINE!
SI VOUS PERMETTEZ, MISTER ROBOT...
HUM!
RUR
PAS DE NAIN NI D'HOMME-TRONC, N'EST-CE PAS?
EN EFFET.
TOC TOC

VOUS VOUS DEMANDEZ COMMENT DIABLE FONCTIONNE ERIC ?
DOCTEUR Z. EXPOSEZ !
LES MATHÉMATIQUES PERMETTENT DE RÉSOUDRE LES ENQUÊTES POLICIÈRES.
LE CALCUL PEUT TOUT ANALYSER, MESDAMES ET MESSIEURS.
HAHA !
AU COEUR DE NOS PROBLÈMES POLICIERS GÎT UN OCÉAN REMPLI DE SIGNES...
OU, SI VOUS PRÉFÉREZ, D'ASTUCES MATHÉMATIQUES.
DOIS-JE VOUS RAPPELER QUE CONAN DOYLE A INSÉRÉ DES NOMBRES DANS LES TITRES DES HISTOIRES DE HOLMES ?...
TROIS JOUE UN RÔLE ESSENTIEL. IL EST DANS "LES TROIS GARRIDEB", "LES TROIS ÉTUDIANTS", "LES TROIS PIGNONS", ET MÊME "LE TROIS-QUART MANQUANT".
FLAP FLAP
"LE TROIS-QUART MANQUANT" ?
UNE HISTOIRE DE RUGBYMAN AMOUREUX...
IL Y A UNE "TRILOGIE DU CHEVALIER DUPIN" DE POE. DUPIN HABITE AU TRENTE-TROIS RUE DUNOT, AU TROISIÈME.
L'AUTEUR IMPOSE LA TRICHOTOMIE AU LECTEUR. C'EST AISÉ À PRENDRE EN COMPTE.
LES STRUCTURES TRIPLES SE RÉPÈTENT : TROIS TEMPS, TROIS REGARDS, TROIS SUJETS.
CE SONT LES LOCUTIONS TRIO, TRIANGLES, TRIANGLES INTERSUBJECTIFS.
TROIS ? C'EST LE NOMBRE DES MENTONS DE CHESTERTON !
HAHA ! ET DES ADJECTIFS DANS L'OEUVRE D'AGATHA !

PLAISANTEZ, MONSIEUR CHESTERTON ET MADAME CHRISTIE, MAIS NOUS ÉMETTONS DES CHIFFRES!
VOILÀ LA SEULE VÉRITÉ!
ALORS VOILÀ VOTRE CLÉ: DÉCORTIQUER!
VOUS PRÉTENDEZ QUE L'ESPRIT HUMAIN EST ALGÈBRE,
MAIS L'IDENTITÉ HUMAINE NE SE RÉDUIT PAS À UNE SOMME PLUS OU MOINS EXTENSIBLE DE REPRÉSENTATIONS, DOCTEUR.
POURSUIVONS CETTE CONVERSATION À TABLE, CHERS AMIS! GARDONS NOS ARGUMENTS POUR LE DESSERT!
ZUMTOD, RAMENEZ LE ROBOT DANS MA CHAMBRE!
NOUS DEVRIONS SOUMETTRE À L'AUTOMATE NOTRE "AMIRAL FLOTTANT" DONT NOUS AVONS TANT DE MAL À TROUVER L'ISSUE.
HAHA, OUI: VOTRE RÉCIT COLLECTIF. COMMENT DIT-ON EN FRANÇAIS? UN "CADAVRE EXQUIS"!
FLIP
FLAP
UN CADAVRE EXQUIS...

SLURP
FISSA POUR LES SAUCES, MADELINE. SECOUE-TOI LA LUNE !
ALL RIGHT, AL !
C'EST R'PARTI, CAMARADE FU ! COMME EN QUATORZE !
AINSI, POUR VOUS, LES CODES ET LES CHIFFRES SE SUBSTITUENT AUX CONTES ET AUX RÉCITS POUR DIRE LES CHOSES...
LES RÉVOLUTIONS SONT TOUJOURS DIFFICILES À DIGÉRER POUR DES GENS D'HABITUDES COMME VOUS. VOUS ÊTES DES DINOSAURES, CHERS AMIS !

L'INVASION PROGRESSIVE DU MONDE QUOTIDIEN PAR L'ALGÈBRE ? PAR L'ALGORITHME ?
TELLE EST VOTRE PROMESSE ?
IL Y A "GOLEM" DANS "ALGORITHME" !
IL Y A "GOLEM TRAHI" DANS "ALGORITHME" !
ET AUSSI "LIGOTER RITA", NON ?
HIPS
JE COMPRENDS VOTRE STUPÉFACTION MAIS LE TEMPS EST VENU DE S'EXTRAIRE DE LA VULNÉRABILITÉ HUMAINE, D'ÉCHAPPER À NOS PAUVRES DÉFAILLANCES...
JE VOUS OFFRE UN MONDE QUI NOUS ARRACHE À LA PESANTEUR ! VOUS ÊTES UN POIDS LOURD, CHESTERTON !
IL FAUT VOUS LAISSER PLANER !
J'ENVISAGE DE COMMERCIALISER RAPIDEMENT CES AMIS EN MÉTAL !
DES SOLUTIONS À BIEN DES TRACAS : PAS D'ABSENTÉISME, PAS DE GRÈVE !
JE VOIS DÉJÀ LES RÉCLAMES POUR MES MACHINES :
"UN DOMESTIQUE QUI NE BOIT PAS", "UNE FEMME DE CHAMBRE QUI NE FLIRTE PAS", "UN CUISINIER QUI NE SE FÂCHE PAS" ! HAHAHA ! CAPITAL !
BIENTÔT L'AUTOMATE SERA LUI-MÊME CRÉATEUR ! C'EST LUI QUI ÉCRIRA LE ROMAN POLICIER !

GHYLL, CONNAISSEZ-VOUS LE SENS DU MOT "DÉMESURE" ?
JE SUIS PRAGMATIQUE, AU CONTRAIRE : JE CROIS AU SUCCÈS DE TOUT CE QUI FLATTERA ET ENTRETIENDRA LA PARESSE ET L'ÉGOÏSME DE L'HOMME MODERNE !
L'HOMME DE LOISIR REPOUSSE CHAQUE JOUR DAVANTAGE LA FATIGUE ...
ET RECHERCHE AVIDEMENT LE CONFORTABLE !
IL VEUT MÉNAGER AUTANT QUE POSSIBLE LA DÉPENSE DE SES ORGANES,
ET DE SON ESPRIT !
VLAN
PEUT-ÊTRE IMAGINEZ-VOUS UN MONDE OÙ L'ON MANGERA ET BOIRA À NOTRE PLACE ?
VOUS ÊTES UN IMPIE COMME ON EN VOYAIT PEU À BABYLONE, GHYLL !
ALLONS, MON PÈRE, LA BIBLE A ÉTÉ PUBLIÉE AVEC DES MACHINES DEPUIS GUTENBERG.
VOUS NE VOUS EN PLAIGNEZ PAS, QUE JE SACHE !
UN PEU PLUS DE POTAGE, SIR ?
JE VAIS PLUTÔT REPRENDRE UN TONNEAU DE VIN !

VOUS CONTESTEZ L'ORDRE DES MACHINES MAIS N'EST-CE PAS VOUS, PÈRE KNOX, QUI AVEZ ÉMIS UNE SÉRIE DE LOIS POUR LE ROMAN POLICIER?
UN DÉCALOGUE QUI DONNE LES RÈGLES DU JEU?
GRRMLL
VOUS SAVEZ, GHYLL, TOUTES LES RÈGLES NE SONT PAS FAITES POUR ÊTRE TRANSGRESSÉES ...
MAIS LE GENRE POLICIER, COMME TOUS LES GENRES, VIT DE LA CONSTANTE ET DÉLICATE INFRACTION À SES LOIS...
OR VOS ROBOTS SONT FAITS POUR OBÉIR.
MÊME CETTE CONSERVATRICE D'AGATHA AIME DYNAMITER LES RÈGLES...
ELLE L'A MONTRÉ AVEC "LE MEURTRE DE ROGER ACKROYD".
EST-CE LÀ CE QUE VOUS PENSEZ, MADAME CHRISTIE?
OH VOUS SAVEZ, J'AI LES IDÉES LARGES: JE CROIS QUE VOUS DEVRIEZ VOUS RENDRE ILLICO À L'ASILE DE FOUS LE PLUS PROCHE. VOUS Y DEVIENDRIEZ L'ATTRACTION NUMÉRO UN!

Le dîner achevé, Agatha Christie s'installa au piano. Elle se mit à chanter quelques airs folkloriques. Le trac avait, dit-on, saboté ses chances de devenir musicienne, mais j'avais mon opinion sur sa carrière interrompue. Mon cœur frissonna à l'idée qu'elle prolongeât ce genre de passe-temps durant son séjour... La baronne Orczy proposa un bridge, jeu qu'elle pratiquait avec une rationalité connue d'elle seule. Les hommes remuaient autour du billard. Roderick Ghyll, qui avait une propension marquée à monopoliser la parole, gazouillait comme un chérubin en parlant d'immortalité. Quant à moi, je pensais au grand rêve de Descartes qui considérait le corps comme une machine dont on pourrait allonger indéfiniment la durée de vie. À sa mort, on pouvait lire dans l'épitaphe de la *Gazette d'Anvers* : « Il est mort en Suède un fol qui disait qu'il pourrait vivre aussi longtemps qu'il le voudrait. »

TROIS PIQUES.
TROIS TRÈFLES.
CONTRE.
BAKED IN A PIE
LA SCIENCE NOUS AMÈNE VERS DES VOIES DE VOUS INCONNUES.
LES MACHINES, TOUJOURS PLUS PUISSANTES, DÉPASSERONT NOS MISÉRABLES LIMITES !
CLAC
LA LIBERTÉ ILLIMITÉE EST EN SOI UNE LIMITE, MONSIEUR...
VOTRE MARI EST UN DRÔLE D'ANIMAL, SI JE PEUX ME PERMETTRE, MADAME GHYLL.
ÇA OUI ! JE VOULAIS ÉPOUSER UN HOMME GENTIL ET COMPRÉHENSIF... ÉTAIT-CE TROP DEMANDER À UN MILLIARDAIRE ?
A SONG OF SIX PENCE
DEMAIN, LA MACHINE RÉPONDRA À TOUS NOS DÉSIRS INSTANTANÉMENT, ELLE POURRA SONDER NOS REINS ET LIRE DANS NOS PENSÉES...
AU MOMENT OÙ NOUS LES ÉPROUVONS. ET MÊME AVANT !
NOUS SERONS ALORS ASSERVIS ! DANS UNE SATIÉTÉ PERMANENTE !
VLAN

ET LE DÉSIR ? ET LE MANQUE ?
UN LIVRE, ET MÊME UN MOT, EST UNE HISTOIRE D'AMOUR ENTRE VOYELLES ET CONSONNES !
LES MACHINES NE DANSENT PAS. DANS LE MEILLEUR DES CAS, VOUS POURREZ, VOUS, PRETENDRE QU'ELLES DANSENT !
CLAC
LAISSEZ-MOI VOUS DIRE CECI, CHESTERTON :
SI LE LIVRE, LA LITTERATURE, LA POESIE S'ADAPTENT SI MAL AUX TECHNIQUES...
... S'ILS SONT RETIFS AU PROGRÈS...
ON LES SACRIFIERA SUR L'AUTEL DE LA MACHINE !
QUI SAIT S'IL Y AURA ENCORE LA NECESSITE DE TROUVER CE QUE NOS ANCETRES CHERCHAIENT DANS LES LIVRES !
TSOIING
ET LE TEXTE, CE MAUDIT RESIDU DE CONTRAINTE ET D'AUTORITE, SERA EVACUE ! HAHA ! LA FIN DU LIVRE !

MAIS C'EST CELA QUE REPRÉSENTE LE ROMAN POLICIER : LA RECHERCHE DE LA VÉRITÉ ...
... SUPPOSE QUE CELLE-CI NE SE DONNE PAS SPONTANÉMENT !
CLAC
PLOUF
NOUS, LES HUMAINS, SOMMES "EN ROUTE" VERS CETTE VÉRITÉ ...
IL Y A UNE RÉVÉLATION PAR L'EXERCICE MÊME DE CHERCHER !
PLOUF
C'EST QUAND ON PRÉTEND TOUT COMPRENDRE QU'ON SE TROMPE LE PLUS !
HUM !
VOS PARADOXES M'ÉCHAPPENT, CHESTERTON.
FU ! MA TISANE !
FU ME PRÉPARE DES TISANES QUI RALLONGENT LA VIE !
... EN ATTENDANT LES PROGRÈS DE LA TECHNIQUE !
GLOUP
QUI SAIT SI JE NE VIVRAI PAS ÉTERNELLEMENT ? ...
SI NOUS NE VIVRONS PAS ÉTERNELLEMENT ? HAHA !
MOI, SI MON ŒUVRE ME SURVIVAIT SIX MOIS, JE M'ESTIMERAIS SATISFAITE !

TUF TUF TUF TUF
CLIC
SPLASH
TUF TUF TUF
QUELS PHRASICOTEURS, CES ECRIVAINS !
OH MOI J'AIME LEURS LIVRES, AL...
CEUX DE MADAME CHRISTIE SONT SI ASTUCIEUX !
CHEZ QUI ON S'EMPOISONNE AVEC DES SCONES ENTRE DEUX TASSES DE THÉ ! HA !
J'AIME AUSSI LES ENQUÊTES DE CE PETIT PRÊTRE INVENTÉ PAR LE GROS CHESTERTON...
CELUI QUI EST MASTARD COMME UN BUILDING ? ALORS LUI, IL BOUILLONNE DU COUVERCLE !

La nuit venue, les écrivains regagnèrent leurs chambres, d'une humeur taciturne comparable à celle de Napoléon rentrant de Moscou.
Dans l'ensemble, ils ne trouvaient pas les promesses de Roderick Ghyll très affriolantes : un Olympe robotique, habité par des corps astraux buvant l'ambroisie, au-delà du temps. De quoi glaçer le sang pour des écrivains qui aimaient écrire, lire, boire et fumer. Et toucher des droits d'auteur...

AU SECOURS ! À MOI !
À MOI !

ON ME TUE !
CLING
C'EST GHYLL !
CLAP
CLAP
QUE SE PASSE-T-IL ? QUEL EST CE VACARME ?
OÙ EST MA CHAMBRE ?
LA CHAMBRE EST FERMÉE À CLÉ !
TOC
TOC
DÉFONÇONS LA PORTE.
VLAN CRAC
HORRID ! FRIGHTFUL !

Partie II :
Le milliardaire par la fenêtre

En réalité, nous ne savons rien,
car la vérité est dans l'abîme.
Démocrite

Hiiiiiiiiiiiiiiiiiiiii

EMMENEZ MADAME GHYLL AVANT QU'ELLE NE DÉFAILLE OU NE CRÈVE QUELQUE TYMPAN ...
¡¡¡¡¡¡¡¡¡
PAS DE TRACE DE GHYLL MAIS UN BOUT DE PYJAMA SUR LA FENÊTRE BRISÉE.
JE VOIS QUELQUE CHOSE QUI BOUGE, SA ROBE DE CHAMBRE QUI S'ENFONCE...
UN VOL PLANÉ DE CINQUANTE MÈTRES...
ET PEUT-ÊTRE NE SAIT-IL PAS NAGER?
IL Y EN A QUI AIMENT MOURIR EN PLEIN AIR.
IL Y A DES REQUINS DANS LE COIN?
À PART GHYLL, JE NE CROIS PAS.
PEUT-ÊTRE A-T-IL SAUTÉ TOUT SEUL COMME UN GRAND, PROUVANT PAR LÀ QUE L'HOMME NOUVEAU NE SAIT PAS VOLER!
UN SUICIDE? QUELLE SINGULIÈRE FORME D'HUMOUR BRITANNIQUE!

LE SUICIDE EST CONSIDÉRÉ PAR CERTAINS COMME LE MOYEN D'AMÉLIORER LEUR SITUATION MAIS JE NE CROIS PAS QUE OHYLL FASSE PARTIE DE CEUX-LÀ...
UN SUICIDE AVEC DES APPELS AU SECOURS? À PART SUR LE PLAN MÉTAPHORIQUE, C'EST PEU VRAISEMBLABLE...
CE N'ÉTAIT PEUT-ÊTRE QU'UNE ERREUR D'ÉVALUATION. TROP HAUT!
ALLONS, C'EST L'ÉVIDENCE, IL S'AGIT D'UN MEURTRE, NE TOUCHONS À RIEN!
QUI POURRAIT LUI VOULOIR DU MAL?
CE PYTHON HUMAIN? À PEU PRÈS TOUT LE MONDE!
LÀ, REGARDEZ!

La nuit avait été agitée.
Il avait fallu consoler les veuves, raccompagner les écrivains, faire un peu de ménage, calfater les courants d'air...
À l'aube, Alphonse observait le jour dans son potager.
C'était l'endroit préféré du cuisinier qui soignait ses légumes comme des orchidées de concours.
"Ô TOI, INVISIBLE ESPRIT DU VIN, SI TU N'AS PAS DE NOM DONT ON TE DÉSIGNE ...
HAHA
... LAISSE-NOUS T'APPELER DÉMON !" (OTHELLO, ACTE II, SCÈNE III).
C'EST ÇA ! C'EST PAS DU PICRATE, HEIN ? CAMARADE FU ? ...
TCHIN
SAVEZ-VOUS QUE L'ODORAT EST UN SENS QUI REMONTE TRÈS LOIN, DU TEMPS DES REPTILES ? J'AI HUMÉ À CENT MÈTRES UN BON VIN FRANÇAIS !
NOUS FEREZ-VOUS L'HONNEUR DE VOUS JOINDRE À NOUS, MISTER CHESTERTON ?
BUVEZ-VOUS À LA SANTÉ DE VOTRE DÉFUNT PATRON, MESSIEURS ?
LE CAMARADE MILLIARDAIRE NE FUMAIT PAS ET NE BUVAIT PAS UNE GOUTTE ! ET MAINTENANT : MORTIBUS !
QUEL GENRE D'HOMME ÉTAIT-CE ?
IL NE NOUS REVIENT PAS À NOUS AUTRES, GENS DE MAISON, DE PRÉSENTER MISTER GHYLL COMME UN ALLIGATOR À CHEVEUX BLANCS, MONSIEUR. DISONS QU'IL AVAIT SES MAUVAIS JOURS...
COMME ATTILA...
OU LA GORGONE...
CELA DIT, C'EST BIEN NAVRANT.

TRINQUONS!
LE DEVOIR AVANT TOUT. POUR TOUS LES ASSOIFFÉS DE LA TERRE!
"L'HOMME VIENT DE LA TERRE ET RETOURNE À LA TERRE, ET ENTRE LES DEUX, ON PEUT SE PAYER QUELQUES VERRES."
C'EST UN PROVERBE CHINOIS, FU?
UN PROVERBE YIDDISH, MONSIEUR, MAIS LES PROVERBES SONT COMME LES CHATS : ILS APPARTIENNENT À CEUX QUI LES ATTRAPENT.
HAHA! VOUS AVEZ RAISON : CE SONT LES SEULES INSTITUTIONS VÉRITABLEMENT DÉMOCRATIQUES!
ALLONS-Y, PRÉVENONS LA POLICE À LA FAÇON DE MAÎTRE GH'YLL! SON MESSAGER PRÉFÉRÉ...
FLAP
"LES HOMMES SONT DES OISEAUX DE PASSAGE."
FLAP FLAP FLAP
PAN
COUIC

PRENEZ PLACE, PRENEZ PLACE...
JE VOUS REMERCIE DE M'AVOIR REJOINT, ÉMINENTS MEMBRES DU DC.
NOUS VOUS ÉCOUTONS, DOCTEUR VICTOR FRANKENSTEIN !
COMME MOI, VOUS VOUS INTERROGEZ SUR CE QUI A PU ARRIVER À NOTRE HÔTE, CE BIENFAITEUR DE L'HUMANITÉ...
HAHA ! GHYLL ? LE BON SAMARITAIN L'AURAIT LAISSÉ PAR TERRE !
J'AI UNE PROPOSITION, MESDAMES ET MESSIEURS : SOUMETTONS LE CAS DU MEURTRE DE RODERICK GHYLL À LA MACHINE, À ERIC !
J'AI NOTÉ ICI LES ÉLÉMENTS QUI ENTOURENT LA MORT DE MISTER GHYLL. JE VAIS LES LIRE À ERIC QUI EN TIRERA LA CONCLUSION LOGIQUE...
TENEZ-VOUS PRÊTS, AMIS ÉCRIVAINS !
FAITES-MOI PENSER À NE JAMAIS ALLER VOIR CE DOCTEUR SI JE SUIS MALADE...

UNE ÎLE EN CORNOUAILLES, UN MILLIARDAIRE, UNE VILLA, SEPT ROMANCIERS MEMBRES D'UN CLUB, UN SAVANT, ERIC LE ROBOT...
... UNE JEUNE EPOUSE, UNE BELLE-FILLE, UN CRI DANS LA NUIT, CHAMBRE CLOSE, FENÊTRE BRISÉE, PRÉCIPICE...
BRRR
BZZ
BZZ
RUR
LADIES ET GENTLEMEN
LE COUPABLE EST :
BRRR
BRRR
...ERIC.
ERIC LE ROBOT EST LE COUPABLE.
PFFF

SPLASH
SPLASH
BON DIEU!
C'EST AUSSI MON AVIS!
ALORS CETTE AFFREUSE MACHINE A TUÉ CET AFFREUX MILLIARDAIRE! GHYLL EXÉCUTÉ PAR SON ENFANT DE FER...
L'HUMANITÉ EST PERDUE!
NE PANIQUEZ PAS, BARONNE.
QUE FAIRE D'AUTRE?
PENSEZ DONC! CES SCIENTIFIQUES: TOUJOURS CAPABLES DE MONTRER QUE DEUX ET DEUX FONT CINQ!
OÙ EST FU? JE VOUDRAIS BIEN DISCUTER AVEC LUI DU BIENFAIT D'UNE BOUTEILLE DE BOURGOGNE!
VOICI UN EXCELLENT CÔTE-DE-NUITS, MONSIEUR.
FU, VOUS ÊTES UN MAÎTRE!
MON INSTINCT ME DIT QUE CE N'EST PAS CETTE BOÎTE DE CONSERVE QUI A FAIT LE COUP! NE TOURNONS PAS AUTOUR DU POT. IL FAUT NOUS Y METTRE MON GRAND!
ET VOTRE INSTINCT EST-IL PLUS PRÉCIS SUR L'IDENTITÉ DU COUPABLE?
NOT MUCH!
MAIS J'AI AU MOINS UNE DEMI-DOUZAINE D'HYPOTHÈSES.

THE, MESDÁMES ?
THANKS.
MERCI FU-CHOU !
HA, MY DEAR : L'INELUCTABLE HORLOGE, LE CYCLE DES SAISONS ...
LE TEMPS QUI PASSE FAIT DES MIRACLES...
VOILÀ VINGT-QUATRE HEURES QUE MON ÉPOUX A DISPARU ET JE ME SENS DÉJÀ TELLEMENT MIEUX !
COMBIEN AVEZ-VOUS EU DE MARIS, HONORIA ?
COMBIEN ?...
EN COMPTANT LES MIENS ? HUHU...

J'AI ÉPOUSÉ QUELQUES HOMMES QUE JE N'AURAIS PAS DÛ ÉPOUSER, MAIS N'EST-CE PAS LE CAS DE TOUT LE MONDE ?
ET VOUS-MÊME ?
J'AI ÉPOUSÉ UN MILITAIRE UNE FOIS. C'EST UN PEU COMME UN MILLIARDAIRE MAIS EN PLUS PAUVRE.
DITES-MOI, MA CHÈRE, VOTRE MARI AVAIT-IL DES ENNEMIS ?
OH NON ! MAIS LES GENS QUI RENCONTRAIENT MON ÉPOUX ÉPROUVAIENT SOUVENT L'IRRÉSISTIBLE ENVIE DE LE PLONGER DANS L'EAU BOUILLANTE !
... IL Y A EU TOUTEFOIS CE CAPITAINE RICHARDS, CELUI QUI AVAIT BÂTI LA MACHINE, ERIC. QUAND IL FUT DÉPOSSÉDÉ DU ROBOT PAR MON MARI, EN 1930, IL LUI ADRESSA UN CHAPELET DE MALÉDICTIONS ...
EAU CHAUDE, MESDAMES ?
FU-CHOU, C'EST L'HEURE DES COCKTAILS !

FFF
FFFF F
FFFF F
ALORS AGATHA, VOUS AVEZ VOTRE "SUSPECTE NUMÉRO UN" AVEC HONORIA GHYLL ? ...
" LA VEUVE EST L'AVENIR DE L'HOMME "!
JE SUPPOSE QUE VOUS AVEZ RÉFLÉCHI AUX MOYENS DU CRIME ...
RÉFLÉCHIR ME DONNE LA MIGRAINE. JE VEUX ME FIER À MON INSTINCT! QUE DITES-VOUS D'UN BOA DANS LA CHEMINÉE? OU D'UN ROUGE À LÈVRES EMPOISONNÉ OU D'UNE FLÈCHE AVEC UNE SARBACANE PAR LA SERRURE?
HAHA! HILARIOUS!
TOUT CE QUE JE DIS EST VRAISEMBLABLE!
RIEN DE CE QUE VOUS DITES N'EST VRAISEMBLABLE! AVEC VOUS LA LOGIQUE PREND SOUVENT DES VACANCES ...
C'EST CE QUI FAIT VOTRE CHARME...
COMME SI LA LOGIQUE VOUS INTÉRESSAIT, GILBERT!

GOOD AFTERNOON, BARONNE !
TRÈS BIEN. MERCI, MON PÈRE !
??!!?
VOILÀ DICKSON CARR, NOTRE EXPERT DES MEURTRES EN LOCAL CLOS...
AH ! CHESTERTON, AGATHA !
JE VOUS CHERCHAIS !
J'AI OBTENU LE PLAN DE LA VILLA.
S'IL Y A BIEN UNE FACILITÉ DANS LES MYSTÈRES DE CHAMBRE CLOSE, C'EST LE SUICIDE DE LA VICTIME. JE NE CROIS PAS NON PLUS À LA CULPABILITÉ DE CETTE STUPIDE MACHINE QUI MAÎTRISE SI MAL LA SYNTAXE.
IL EST POSSIBLE D'ATTEINDRE LA CHAMBRE DE GHYLL PAR L'EXTÉRIEUR. JE SUIS AFFIRMATIF !
J'AI ÉTABLI VINGT ET UN MOYENS D'ACCÈS JUSQU'À PRÉSENT ET JE TRAVAILLE À UN VINGT-DEUXIÈME.
VOULEZ-VOUS LES ENTENDRE ?
DOUX JÉSUS, NON !
ALORS, VOYEZ-VOUS, POUR GAGNER LA PORTE-FENÊTRE...
PAN
PAN PAN
??
??

Remontons le temps qui passe, « l'inéluctable horloge, et le cycle des saisons » de quinze minutes environ avant ces coups de feu. Deux ombres se glissaient mystérieusement dans les couloirs vides de la villa. Chacune avait son style propre. Une silhouette tremblait comme de la gelée. L'autre avait un air martial de vautour, prêt à charger comme un escadron de cavalerie. Ces deux ombres allaient dans la même direction, à pas feutrés, et n'allaient pas tarder à tomber l'une sur l'autre si l'on en croit l'inéluctable horloge. C'étaient deux rivaux en affaires.

SI VOUS CROYEZ QUE JE FAIS CONFIANCE À UN HOMME DE DIEU !
LÀ, ÇA A BOUGÉ !
DAMNATION !
IL S'ÉCHAPPE !
JE LE SUIS ! KNOX, PRENEZ L'ESCALIER EST !
BLING
BLANG
ENCERCLONS-LE !
TAÏAUT !
ALLÉLUIA !
VLAN
KNOX ! FICHU VER DE TERRE !
MASON ! SOUDARD DU DIMANCHE !
BLING
CLANG
BLING
ZZZ
ZZZ

BLING BLING BLING
HEAVENS!
VLAN
WHOOPSYDAISIES!
PAN PAN PAN
ALORS, IMAGINEZ PAR EXEMPLE UN SINGE SUR CETTE CORNICHE...
GILBERT, VOUS ALLEZ VOUS BLESSER!
ZIIIIIP
YAAA
SUIVEZ-MOI, AGATHA!
PFFF...
VOUS ÊTES UNE FEMME DYNAMIQUE!
PRENEZ GARDE, IL A PRIS LA ROUE DE HAMSTER DE GHYLL!

GLING
GLING
JE VOUS SUIS EN MARCHANT, SI VOUS PERMETTEZ.
GLING
C'EST ÇA, J'Y SUIS PRESQUE!
CETTE CRÉATURE GALVANISEE NOUS A ECHAPPÉ, HEU, HEU!
JE NE SUIS PAS SURPRISE. VOTRE IMITATION D'UN OURS AU RALENTI ÉTAIT TOUT À FAIT REMARQUABLE.
J'ALLAIS L'AVOIR MAIS JE SUIS À COURT D'OXYGÈNE, HEU, HEU!

LE ROBOT S'EST VOLATILISÉ. NOUS NE SOMMES PAS AU BOUT DE NOS SURPRISES... LA SEULE CHOSE QUE J'AI ATTRAPÉE, C'EST UN TOUR DE REIN...
IL FAUT SOIGNER ÇA.
PENCHEZ-VOUS EN AVANT COMME SI VOUS ÉTIEZ CHARLES Ier SUR LE POINT D'ÊTRE DÉCAPITÉ...
JE VAIS VOUS MASSER.
JE FAISAIS ÇA À MON EX-MARI QUAND IL AVAIT LA GUEULE DE BOIS, CE QUI ÉTAIT PRESQUE QUOTIDIEN CHEZ LUI.
POM POM
VOUS SAVEZ, JE SUIS PLUS CONTRARIÉE QU'IL N'Y PARAÎT. TOUTES MES HYPOTHÈSES SONT FRAGILISÉES AVEC CETTE MACHINE EN FUITE.
RIEN NE DIT ENCORE QUE LE ROBOT EST VÉRITABLEMENT COUPABLE.
J'AVOUE QUE JE NE M'ATTENDAIS PAS À VOIR LA MACHINE DÉCAMPER DE LA SORTE, NI ESSAYER DE VOUS CHARGER COMME LA BRIGADE LÉGÈRE AVEC CETTE ROUE INFERNALE...
JE NE SAIS COMMENT VOUS REMERCIER. LA DOULEUR A DISPARU. VOUS ÊTES UN ANGE DE MISÉRICORDE.
COMMENT CELA S'EST-IL TERMINÉ AVEC VOTRE EX-MARI ?
MAL. IL PRÉFÉRAIT LES BEAUTÉS BLONDES AUX ANGES DE MISÉRICORDE. IL A DIVORCÉ EN PARTANT AVEC SA SECRÉTAIRE... PÉNIBLEMENT BANAL. MAIS ON PRÉTEND QUE SES GUEULES DE BOIS SONT BIQUOTIDIENNES DORÉNAVANT.

DES COMPRESSES ET UN SEAU À GLACE POUR VOS CONTUSIONS, MESSIEURS.
MERCI, FU. AU RETOUR, N'HÉSITEZ PAS À RAPPORTER DU WHISKY POUR METTRE AUTOUR DES GLAÇONS...
OF COURSE, SIR.
ZZZ
R-RRRRR
SI MISS SAYERS M'AUTORISE À L'AIDER À SE RELEVER...
... LE SINGE POURRAIT AISÉMENT OUVRIR LA PORTE-FENÊTRE ET...
DEMAIN, NOUS CONTINUERONS LES RECHERCHES.
POUR RESTAURER MONSIEUR APRÈS SA COURSE, JE ME SUIS PERMIS DE LUI PRÉPARER UN SANDWICH AU STILTON ET UN VERRE DE BIÈRE.
FU, VOUS ÊTES UN MAÎTRE!
TROUVEZ-VOUS VRAIMENT QUE JE RESSEMBLE À UN OURS?
SEULEMENT SOUS CERTAINS ANGLES...

Le lendemain, presque à l'aube, Gilbert K. Chesterton s'apprêtait à se jeter à l'eau, au pied de la falaise, très exactement cinquante mètres sous la fenêtre par laquelle Mr Ghyll avait plongé vers son destin.

Cela faisait maintenant un quart d'heure qu'il s'apprêtait à se jeter à l'eau. Il s'était muni d'un bonnet et d'un maillot de bain qui le faisaient ressembler à une montgolfière.

Chesterton acceptait bien volontiers le mystère de la vie de façon générale mais dans le cas particulier de la mort du milliardaire, plusieurs choses le troublaient. Précisons d'ailleurs que c'est l'absence des choses qui le chiffonnait : le retard de la police, la disparition du corps de Roderick Ghyll, l'évanouissement du robot en rase campagne...

Chesterton s'apprêtait donc à se jeter à l'eau – depuis une demi-heure à présent – en se demandant si tout ce sport n'allait pas le tuer.

VOILÀ VOTRE SERVIETTE. SUIS_JE EN RETARD ?
MERCI, AGATHA.
NOUS AVIONS DIT NEUF HEURES, N'EST_CE PAS ?
NON, NOUS AVIONS DIT HUIT HEURES.
AH ?
ALLEZ_VOUS GARDER LONGTEMPS VOTRE BONNET DE BAIN ? ON DIRAIT QUE VOUS ALLEZ PRENDRE LA BASTILLE !
HA HA !
KRIÈK
LE CRI DE CETTE MOUETTE RIEUSE ME FAIT SONGER À GHYLL. AVEZ_VOUS RETROUVÉ SON CADAVRE EN DÉCOMPOSITION ? COMME C'EST EXCITANT !
NON, MAIS J'AI TROUVÉ ÇA...
DES PETITS CAILLOUX ?
CE NE SONT PAS DES CAILLOUX COMME LES AUTRES MAIS DU "LAP".
UN CIMENT ALUMINEUX DONT ON SE SERT POUR LES SCULPTURES... BRISÉ EN MILLE MORCEAUX...

CELA VIENT DE LA VILLA... D'UN OISEAU QUI NE PEUT PAS VOLER.
UN OISEAU ?
GHYLL ME FAIT SONGER À UN SORCIER QUI A CONSTRUIT UN LABYRINTHE ET QUI S'Y EST PERDU.
SAVEZ-VOUS QUE JE VAIS ME REMARIER, GILBERT ?
MES CONDOLÉANCES, MADAME. AVEC QUI ?
PAS AVEC VOUS, MY DEAR.
ABSOLUMENT, DEUX ÉCRIVAINS DANS UN COUPLE, C'EST UN DE TROP...
VOIRE DEUX DE TROP.
HAHA !
J'AI RENCONTRÉ UN JEUNE ARCHÉOLOGUE.
IL AIME LES VIEILLES CHOSES COMME MOI. C'EST UNE CHANCE.
ALLONS BON, AGATHA. VOUS ÊTES EXQUISE QUAND VOUS LE VOULEZ ET VOUS AVEZ UN TRÈS BEAU PROFIL.
AVEC MON NEZ DE CHOUETTE ?
VOUS, GILBERT, VOUS N'AVEZ PAS DE PROFIL, MAIS, SI J'AVAIS L'ENVERGURE NÉCESSAIRE, JE VOUS SERRERAIS DANS MES BRAS.

Quel homme !

Quel appareil digestif !

Chesterton s'envoyait toutes les calories qu'il pouvait dans un festin à faire pâlir un empereur romain.

Plein d'intelligence facétieuse, mi-Falstaff mi-Socrate, il abordait de biais le meurtre de Roderick Ghyll. Sa méthode consistait à ne pas en avoir. Il glissait ici ou là, l'air de rien, quelques-unes de ses conclusions et, au milieu des œufs à la coque et du boudin noir, pointait son couteau et sa fourchette, comme autant de glaives de la Justice.

EST-IL VRAI QUE DANS LA MÉDECINE CHINOISE LE CERVEAU EST RELIÉ À L'ESTOMAC ?
EN EFFET, MONSIEUR.
CELA RENDRAIT LA PENSÉE DU ROBOT ERIC TRÈS INCOMPLÈTE.
ASSURÉMENT !
HAHA ! "LE VERBE S'EST FAIT CHAIR" COMME DANS SAINT JEAN.
PAS VRAI, PÈRE KNOX ?
SAVEZ-VOUS QU'UNE DES AVENTURES DE SHERLOCK HOLMES TOURNE AUTOUR D'UN POINT DE DÉTAIL GASTRONOMIQUE ?
LA PROVISION DE CURRY DU REPAS !
KNOX, VOUS ÊTES UNE BIBLE !
NOUS AIMERIONS ÊTRE DE CES DÉTECTIVES...
... QUI VOIENT UN TYPE MARCHER DANS LA RUE ET EN DÉDUISENT AUSSITÔT QU'IL EST MARCHAND RETRAITÉ DE VALVES À CLAPET, SOUFFRANT DE RHUMATISMES AU BRAS GAUCHE, VIVANT À DULWICH !
HAHA !
FU, CONDUISEZ-MOI AUPRÈS D'ALPHONSE, AFIN QUE JE FÉLICITE CE GRAND CUISINIER FRANÇAIS POUR CE PETIT DÉJEUNER ANGLAIS !

DITES-MOI, FU, CELA FAIT-IL LONGTEMPS QU'ALPHONSE VIT DE CE CÔTÉ DE LA MANCHE ?
DES LUSTRES, MONSIEUR.
LA BARONNE ORCZY CHERCHE LES RÉPONSES COMME JOSEPH ET LES PROPHÈTES : DANS LES RÊVES.
ZZZ ZZZZ
CRISTI ! NOM D'UN TONNERRE !
VOILÀ LES CUISINES, SIR.
M'DAME CHRISTIE ! Z'AVEZ-PAS FINI DE RÂTISSER MA CUISINE ?!
TSS, TSS, ALPHONSE, PAS DE CAPRICE !
M'SIEUR CHESTERTON, VOULEZ PAS FAIRE DÉCANILLER M'DAME ?
PRENEZ GARDE, GILBERT : IL PARLE UNE SORTE DE SOUS-FRANÇAIS ÉPICÉ ...
SI VOUS VOULEZ BIEN CHANGER DE PAROISSE MAINTENANT, LES FAFFIOTEURS ! Y A MA GAMELLE DE CE SOIR QUI M'ATTEND !
JE VOUS LAISSE, ALPHONSE, ET JE PRENDS CETTE POMME !
BOUCHONS-NOUS LES OREILLES ET QUITTONS CET ENDROIT.
SAVEZ-VOUS QUE J'AI UNE FORMATION EN PHARMACIE ?

IL Y A DANS CETTE CUISINE DE QUOI EMPOISONNER TOUTE LA MAISONNÉE :
LAUDANUM, ÉTHER DIÉTHYLIQUE, DIGITALINE...
MES SOUPÇONS SE PORTENT SUR LE CHINOIS FU, ET SUR LE CUISINIER FRANÇAIS ALPHONSE, ASSOCIÉS À CET EFFROYABLE DOCTEUR ZUMTOD VENU D'ON NE SAIT OÙ !
CRUNCH
DE GRÂCE, AGATHA...
...JE SAIS QUE LA XENOPHOBIE EST PARFOIS CONSIDÉRÉE COMME UNE QUALITÉ EN ANGLETERRE MAIS REPRENEZ-VOUS !
QUELLE ÉTRANGETÉ ! UN MEURTRE DANS UNE CHAMBRE CLOSE DANS UNE VILLA ISOLÉE DANS UNE ÎLE... COMME DES POUPÉES GIGOGNES.
LE CRIME EN LOCAL CLOS EST LE SEUL MYSTÈRE DONT LA RAISON ACCEPTE AVEC PLAISIR LE DÉFI CAR CE DÉFI CONSERVE LA POÉSIE DU PRODIGE SANS OFFENSER LES STRUCTURES DE LA NATURE.
PEUT-ÊTRE FAUT-IL ENVISAGER ICI LES POSSIBILITÉS D'UNE GÉOMÉTRIE NON EUCLIDIENNE ? GHYLL AURAIT DISPARU DANS LA QUATRIÈME DIMENSION.
QUELLE EST CETTE QUATRIÈME DIMENSION ? LE TEMPS ? LA MÉMOIRE ? LA MORT ?
CESSEZ DE DIRE DES ÂNERIES. LA CHAMBRE N'ÉTAIT PAS CLOSE PUISQUE LA FENÊTRE ÉTAIT BRISÉE !
LÀ ! REGARDEZ !
UNE SILHOUETTE QUI S'ÉLOIGNE DE LA VILLA. C'EST LA JEUNE PIMBÊCHE...
MILLICENT...

TÂCHONS DE SAVOIR OÙ ELLE VA !
CHESTERTON, MRS CHRISTIE ! JE N'AI PAS EU LE TEMPS DE VOUS EXPOSER ...
EVITONS LES CARTES DE DICKSON CARR !
... ET LES QUERELLES DE KNOX ET MASON !
PAR ICI !
LE LABORATOIRE DU DOCTEUR ZUMTOD ...

QUELS DRÔLES DE COUCOUS...
C'EST LE MUSÉE DES HORREURS, QUOI !
AGATHA ! ENTENDEZ-VOUS CE BRUIT ? ...
BZZZZZZ
CE RAFFUT ?
JE CROYAIS QUE C'ÉTAIENT VOS BORBORYGMES.
HURRY UP ! SOUS LA TABLE !
BZZZZZZ
AAAH !
BZZZZZZ
POP POP
BZZZZZZ
CLAP CLAP
POP POPOP
BIP
BZZZZ

POPOPOP
GILBERT, JE NE SUIS PAS CONTRE UN PEU DE PROMISCUITÉ DE TEMPS EN TEMPS MAIS VOUS TRANSPIREZ COMME LES EAUX DE VERSAILLES !
VOUS AVEZ VU ÇA ? UN PASSAGE SECRET !
HOW EXCITING !
EN TOUT CAS, VOUS CACHER SOUS UNE TABLE, CE N'EST PAS VOTRE FORT, MON CHER. AVEZ-VOUS DISTINGUÉ LE BOUTON SUR LEQUEL ZUMTOD A APPUYÉ ?
WELL, NOT REALLY...
GRATT GRATT
ESSAYONS AU HASARD !
BIP
AGATHA, CESSEZ DE JOUER DU PIANO ! ON VA NOUS ENTENDRE !
TSOING BIP BIP BIP
HOORAY !
BZZZZZ

BZZZZ
SCRATCH
POC
AOUÏLLE
CLAP
CLAP
CLAP
NOUS Y SOMMES !

La journée suivante, les membres du DC menaient leur enquête chacun de leur côté, sans doute pour échapper au piano d'Agatha, aux sermons holmésiens de Knox ou aux bonnes histoires du major Mason sur ses souvenirs militaires...

Mason perquisitionnait les communs, Knox inspectait la campagne. Dorothy Sayers nettoyait son arme (en songeant à quelques critiques littéraires). Carr réexaminait l'architecture de la villa. La baronne écoutait les conseils de Morphée.

Agatha Christie avait décidé quant à elle de « cuisiner » sa jeune lectrice Millicent.

CE DOIT ÊTRE FORMIDABLE D'ÉCRIRE UN LIVRE.
VOUS TRAVAILLEZ SUR UN NOUVEL HERCULE POIROT ?
CET EFFROYABLE PETIT BELGE ? SI JE LE RENCONTRAIS DANS LA VRAIE VIE, JE COMMETTRAIS UN MEURTRE À CÔTÉ DUQUEL TOUS CEUX QUE J'AI CONCOCTÉS JUSQU'À PRÉSENT SERAIENT DE LA ROUPIE DE SANSONNET !
JE FAIS ÇA POUR LES DROITS D'AUTEUR. JE NE SUIS QU'UNE MACHINE À FAIRE DES SAUCISSES, VOUS SAVEZ...
VOUS ÊTES SI DIFFÉRENTE DE CE À QUOI JE M'ATTENDAIS !
VOUS ÊTES DÉÇUE ? NE VOUS INQUIÉTEZ PAS, J'AI L'HABITUDE...
J'IGNORAIS QUE VOUS TAPIEZ À LA MACHINE.
JE TAPE AVEC PLUS DE DEUX DOIGTS MAIS MOINS DE QUATRE.
TAP TAP TAP
JE PENSAIS QUE VOUS AVIEZ UNE SECRÉTAIRE.
J'EN AVAIS UNE MAIS JE L'AI MISE À LA PORTE : ELLE ÉTAIT TELLEMENT COMPÉTENTE QUE ÇA ME DÉPRIMAIT.
HI HI
ET VOUS, CHÈRE MILLICENT, VOUS ÉCRIVEZ À LA MAIN SI VOUS ME PERMETTEZ CETTE INDISCRÉTION. JE VOIS MALGRÉ MOI UNE LETTRE QUI DÉPASSE DE VOTRE SAC.
OH, MADAME CHRISTIE, VOUS AVEZ L'ŒIL ET LE FLAIR DE VOS DÉTECTIVES.
CES LETTRES NE ME QUITTENT JAMAIS.
RASSUREZ-VOUS, CHÈRE ENFANT. MES LÈVRES SONT SCELLÉES COMME CELLES D'UNE HUÎTRE.

CES LETTRES SONT D'UN JEUNE HOMME QUI M'EST TRÈS CHER. SAVEZ-VOUS QUE JE N'AVAIS MÊME PAS LE DROIT DE PRONONCER SON NOM À LA MAISON ?
PEUT-ÊTRE LES CHOSES VONT-ELLES CHANGER DÉSORMAIS ?
C'EST SI AGRÉABLE DE POUVOIR VOUS AVOUER MES PENSÉES, MADAME CHRISTIE.
LES JEUNES GENS D'AUJOURD'HUI VOUDRAIENT NE JAMAIS AVOIR EU DE PARENTS, N'EST-CE PAS, MON PETIT ?
TOC TOC TOC
AH? VOICI NOTRE ÉCRIVAIN CRO-MAGNON.
JE VOUS LAISSE ENTRE GRANDS HOMMES !
AU REVOIR, MADAME CHRISTIE.
AU REVOIR, MON PETIT !
NE ME DITES PAS QUE VOUS LA SOUPÇONNEZ D'ÊTRE MÊLÉE AU CRIME ?
PARRICIDE LA SORTIE !

PEUT-ÊTRE QUE CES ARBRES EN SAVENT PLUS QUE NOUS SUR CE QUI S'EST PASSÉ ICI.
EN ARGOT, ON DIT DES OREILLES QUE CE SONT DES FEUILLES.
ALPHONSE N'AURAIT PAS DIT MIEUX.
VOUS ÊTES UN ENQUIQUINEUR TOUT À FAIT DÉTERMINÉ, GILBERT. VOUS METTEZ À L'EAU TOUTES MES THÉORIES : LA BIGAMIE, LE TRIOXYDE D'ARSENIC, LE FAKIR...
C'EST DÉCOURAGEANT !
DISONS QUE JE LES POUSSE UN PEU ET COMME ELLES SONT BANCALES, ELLES TOMBENT FACILEMENT MAIS TOUTES VOS HYPOTHÈSES SONT STIMULANTES.
CROYEZ-VOUS QUE JE NE SACHE PAS RAISONNER ?
CROYEZ-VOUS QU'IL N'Y A RIEN QU'UNE FEMME PUISSE FAIRE AUSSI BIEN QU'UN HOMME ?
SE LAISSER POUSSER LA BARBE, PEUT-ÊTRE ?
NE SOYEZ PAS UN ÂNE, CHESTERTON. CERTAINES FEMMES GAGNENT LEUR VIE AINSI DANS DES CIRQUES !

VOUS TOUCHEZ JUSTE AU SUJET D'ALPHONSE, AGATHA. IL A UN PASSÉ TROUBLE. IL A FAIT DE LA PRISON.
SES MOTS D'ARGOT PROVIENNENT DU BAGNE DE TOULON...
IL A AUSSI TATOUÉ AU POIGNET CINQ POINTS : LES CINQ POINTS AU CARRÉ QUI SIGNIFIENT "ENTRE QUATRE MURS".
PFFFF
JE SUIS À COURT DE CERVELLE.
IL FAIT TOUJOURS SOMBRE AVANT L'AUBE...
LÀ, GILBERT : UN HOMME !
OU UN ROBOT !
OU UN FANTÔME !
BREF, UNE OMBRE QUI S'ENFUIT !

ZIIIIIP
YIIAAAA!
AMUSEZ-VOUS BIEN, GILBERT.
JE CROIS EN VOUS!
PFF
PFF
PFF
PFF... JE SUIS ENTRE MON PREMIER SOUFFLE ET MON SECOND...
THE BIRDS BEGAN TO SING
WASN'T THAT A DAINTY FISH
TO SET BEFORE THE KING

HEU! HEU!
GILBERT, VOUS VOUS PRENDRIEZ LES PIEDS DANS UN ARC-EN-CIEL.
J'Y ETAIS PRESQUE!

QUAND DONC SORTIREZ-VOUS DE L'ENFANCE, MON CHER ?
J'EN SUIS SORTI D'UN POINT DE VUE ADMINISTRATIF.
ALORS, VOTRE COEUR VOUE DE LA BATTERIE ?
LAISSEZ-MOI VOUS MONTRER QUELQUE CHOSE.
JE N'AI PAS PERDU MON TEMPS EN FAISANT DES ROULADES.
NOUS Y SOMMES, AGATHA...
LÀ !
OH !
Qu'avaient vu Agatha et Gilbert dans ce trou ?
Le lecteur ne le découvrira pas sur-le-champ
car la fine pluie qui venait caresser la mer tourna en orage,
obligeant nos amis à chercher refuge dans villa.

BRANDY ET SODA POUR TOUT LE MONDE !
C'EST R'PARTI COMME EN 14 !
MONTE ÇA AUX ASSOIFFÉS LÀ-HAUT !
CE N'ÉTAIT PAS UN PANTIN DE MÉTAL, J'EN SUIS CERTAINE, MAIS UN HOMME !
ET MÊME UN COUREUR PLEIN D'ALLANT !
IL DÉTALAIT COMME UN LIÈVRE AMOUREUX. J'ÉTAIS À DEUX DOIGTS DE METTRE LA MAIN SUR LUI !
HAHA !
DEUX DOIGTS PLUS DEUX CENTS MÈTRES...

La voûte du ciel craquait au-dessus de la villa. Des éclairs brillaient et on entendait au loin le grondement du tonnerre. Agatha et Chesterton racontaient leur course-poursuite de l'après-midi dans un brouhaha qui rappelait celui des grenouilles par temps de pluie.

Le docteur Zumtod ne disait mot, il grinçait des dents. Soudain, il réussit à démêler ses cordes vocales et prit la parole. Il y avait dans son ton quelque chose comme une fureur glaciale.

NONSENSE!
VOTRE ROBOT COUPABLE, VOUS POUVEZ VOUS ASSEOIR DESSUS, ZUMTOD, SI JE PEUX ME PERMETTRE...
NOUS NE SOMMES PAS COMPLÈTEMENT NAÏFS!
MAIS AU FOND... JE POSE LA QUESTION : EST-ON SÛRS QUE GHYLL EST VÉRITABLEMENT MORT?...
PFF
PFF
PFF
AH!... MESDAMES,
MESSIEURS...
CLAP
CLAP
CLAP
LA POLICE... LA POLICE!
CLAP
CLAP
LA POLICE EST DANS L'ÎLE, LADIES AND GENTLEMEN ET...
LE... LE CADAVRE DE MISTER GHYLL A ÉTÉ RETROUVÉ DANS LA MER!

Partie III :
Sept détectives amateurs

*Rien de beau n'est séparable de la vie,
et la vie est ce qui meurt.*

Paul Valéry

FU LUI A REMIS SES LUNETTES?
C'EST BIEN SIMPLE: ON DIRAIT QU'IL VA RIRE.
CAPITAL!
NE DEVRIONS-NOUS PAS DIRE QUELQUES MOTS AIMABLES DANS CETTE CIRCONSTANCE?
UNE ESPÈCE D'ORAISON FUNÈBRE, PÈRE KNOX?
OUI, EUH, JE ...
DEMANDONS GRÂCE AU SEIGNEUR POUR NOTRE FRÈRE RODERICK GHYLL. IL ETAIT PRESQUE HUMAIN À SES HEURES ET IL AVAIT SANS DOUTE BON CŒUR QUELQUE PART... MÊME SI, POUR ATTEINDRE CET ORGANE, IL FALLAIT DE LA DYNAMITE...

C'est que le cadavre n'était pas revenu tout seul. La marée n'y avait pas suffi. Il avait fallu une opération de dragage dirigée par tout un détachement de bobbies venu de Pentreath, menée par l'inspecteur Widgeon.

C'est moi qui avais prévenu la police et l'avais mise sur le pied de guerre. J'avais saisi que l'oiseau de métal n'était pas allé bien loin.
Le téléphone est une technique moderne mais c'est un engin qui a fait ses preuves.

C'EST QUE LE ROMAN POLICIER N'A RIEN À VOIR AVEC LA POLICE, INSPECTEUR WIDGEON.
IL PARAÎT QUE MONSIEUR GHYLL A ÉTÉ TUÉ PAR SA MACHINE ?
ET POURQUOI PAS ?
LAISSEZ-MOI VOUS FAIRE PART DE MON HYPOTHÈSE.
GHYLL, AVEC SA CAMELOTE INFERNALE, SOUHAITAIT NOUS VOIR MORDRE À L'HAMEÇON DE SA PUISSANCE...
... ET NOUS ARRACHER AUX RACINES DIVINES POUR NOUS PLONGER DANS UNE FOURNAISE BARBARE.
LA MACHINE EST COMME LA MÉDUSE : ON LA REGARDE ET ELLE NOUS CAPTIVE !
JE VOUS AI VU, MAJOR MASON, TIRER SUR CET OISEAU EN MÉTAL PARTI PRÉVENIR LA POLICE !
QU'EST-CE QUE CELA SIGNIFIAIT ?
PAN
COUIC
VOUS VOULIEZ GAGNER DU TEMPS...
PAN
NOUS CONNAISSONS VOS LIENS AVEC LES SERVICES SECRETS BRITANNIQUES, MAJOR, VOS MISSIONS D'ESPIONNAGE EN ESPAGNE, AU MAROC ET AU MEXIQUE...
C'EST POUR EN FAIRE UNE MÉCANIQUE DE GUERRE, UNE MACHINE DE MORT, QUE VOUS COMPTIEZ METTRE LA MAIN DESSUS...
VOUS VOUS ÊTES MUNI D'UN PASSE-PARTOUT DONT UN VIEIL ESPION COMME VOUS DOIT AVOIR UNE COLLECTION ENTIÈRE !
ENTRER DANS LA CHAMBRE DE GHYLL ET LUI FAIRE FAIRE UN VOL PLANÉ FUT UN JEU D'ENFANT POUR VOUS.

Pendant le soliloque de Mason, Knox émit quelques bêlements.

Les mains sur les épaules, Knox et Mason dansaient la gigue en se balançant d'une jambe sur l'autre et en chantant des noms d'oiseaux.

Ce qui apporte une nouvelle preuve à l'appui de cette banale constatation que les auteurs ne ressemblent que très peu à leurs livres.

Dans la villa, tout le monde venait assister au spectacle.

Sayers avait tiré en l'air en prenant cet air menaçant réservé habituellement aux libraires qui ne commandaient pas les exemplaires de ses fameuses anthologies. Cela sonna la fin de l'algarade entre Knox et Mason qui n'en pouvaient plus.

Pour l'inspecteur Widgeon, cette scène renforçait sa conviction, déjà solidement établie, que les romancières et romanciers étaient complètement fous.

JE CROIS QUE C'EST MON TOUR.
LAISSEZ-MOI VOUS LIVRER MES CONCLUSIONS...
PFFF
ELLES TOURNENT AUTOUR DE CE DÉMON QUI NOUS ASSIÈGE TOUTES ET TOUS, QUI NOUS RONGE, NOUS TOURMENTE : LE SEXE !
EN EFFET, DANS CET INCONNU APERÇU PAR AGATHA ET CHESTERTON, RÔDANT AUTOUR DE LA VILLA...
QUE VOIS-JE, MOI DOROTHY L. SAYERS ?
JE VOIS UN HOMME, JE VOIS UN AMANT, JE VOIS UN SERPENT VULTUEUX... C'EST POUR S'EMPARER DE LA FEMME QU'IL A TUÉ LE VIEUX MARI !
COMMENT ? PAR UN CARREAU D'ARBALÈTE TIRÉ DEPUIS CE BATEAU QUI VOGUAIT AU LARGE DE L'ÎLE, LE SOIR DU MEURTRE.
J'AI VU L'EMBARCATION !
HAHA ! VOUS AVEZ PERDU LA TÊTE, MA PAUVRE AMIE. VOUS NE SAVEZ PAS DE QUOI VOUS PARLEZ !
SI VOUS CROYEZ QU'UN HOMME A BESOIN DE TUER MON MARI POUR M'APPROCHER !
PEUT-ÊTRE QUE CET HOMME MYSTÉRIEUX CONVOITE LA FILLE CHÉRIE : MILLICENT !
C'EST N'IMPORTE QUOI, MADAME SAYERS, COMME VOS ANTHOLOGIES !
C'EST TELLEMENT TIRÉ PAR LES CHEVEUX, DOROTHY, QUE LE SCALP VIENT AVEC !
LE JEUNE HOMME QUE NOUS AVONS POURSUIVI AVEC GILBERT EST AIMÉ DE MILLICENT, OUI, AIMÉ... COMME UN FRÈRE !

Une réserve tout anglaise s'impose, bien que l'Angleterre ne m'ait pas vu naître, devant le spectacle de ces émouvantes retrouvailles familiales dignes d'un roman de Dickens.

TOUT CELA EST BIEN NUAGEUX, INSPECTEUR.
NOUS AVONS ASSEZ DE SUSPECTS POUR REMPLIR LE GYMNASE DE PENTREATH!
GRATT GRATT
EH BIEN, DANS CE CONCOURS D'ÉLOQUENCE, LAISSEZ-MOI VOUS SURPRENDRE...
J'AI ICI LE PLAN DE LA VILLA : UN VRAI LABYRINTHE.
J'AI DÉCOUVERT PLUSIEURS MOYENS D'ATTEINDRE LA CHAMBRE DE GHYLL, C'EST LA CLÉ DE L'ÉNIGME.
JE LES AI INDIQUÉS PAR DES FLÈCHES QUE VOUS VOYEZ ICI.
JE VOUS ARRÊTE TOUT DE SUITE, JOHN ; IL Y A DES PASSAGES SECRETS DANS CETTE VILLA...
DES PASSAGES SECRETS? QUELS PASSAGES SECRETS?
DANS LE LABORATOIRE DE ZUMTOD PAR EXEMPLE.
BLOODY HELL! CELA RUINE COMPLÈTEMENT MA DÉMONSTRATION!
J'AVAIS UNE FORMIDABLE THÉORIE.
PCHH

IL Y A UNE CHAMBRE VOISINE DE CELLE DU MILLIARDAIRE DEPUIS LAQUELLE, EN MARCHANT SUR LE REBORD DE LA FENÊTRE PUIS SUR LA CORNICHE, IL EST POSSIBLE D'ATTEINDRE LA SUITE DE GHYLL...
DE LE TUER ET DE S'ENFUIR PAR LE MÊME CHEMIN !
CETTE CHAMBRE, C'EST LA VÔTRE, GILBERT K. CHESTERTON !
DITES DONC, CARR, C'EST PARCE QUE VOUS ÊTES AMÉRICAIN QUE VOUS RACONTEZ N'IMPORTE QUOI ?
WELL...
VOUS ME VOYEZ MARCHANT LA NUIT SUR LE REBORD D'UNE FENÊTRE AVEC MON GROS VENTRE ?
OH, JE VOUS AI VU COURIR APRÈS UN ROBOT AVEC UNE CANNE-ÉPÉE...
ET POUR QUEL MOTIF AURAIS-JE DÉBARRASSÉ L'HUMANITÉ DE CE TYRANNOSAURE DE GHYLL ?
GHYLL A FINANCÉ LES TECHNOLOGIES MEURTRIÈRES DE LA GRANDE GUERRE...
OR VOTRE FRÈRE CECIL N'EN EST PAS REVENU...
VOTRE MOBILE SERAIT LA VENGEANCE, EN SOMME...
SPLENDIDE, N'EST-CE PAS ?
VEUILLEZ ME DONNER CE PLAN, JOHN, JE VOUS PRIE.
C'ÉTAIT UNE SIMPLE HYPOTHÈSE, GILBERT.
JE TÂTAIS LE TERRAIN...

CRRAAC
QUEL VACARME ! Y A-T-IL UNE CHASSE À COURRE QUI PASSE À PROXIMITÉ ?
PAS EXACTEMENT, BARONNE.
AVEZ-VOUS VOUS AUSSI QUELQUE IDÉE SAUGRENUE SUR LE MEURTRE ?
CHERS AMIS, CHERS COLLÈGUES CHERS POLICIERS,
LAISSEZ-MOI VOUS DIRE QUE JE N'AI ABSOLUMENT AUCUNE HYPOTHÈSE !
JE VOUS EN SUIS EXTRÊMEMENT RECONNAISSANT, BARONNE ORCZY.

Agatha mettait dans sa voix tous les accents de la vérité. Un observateur attentif eût constaté que Zumtod tremblait comme une feuille et que sa pomme d'Adam faisait des va-et vient avec la régularité d'un échange au tennis.

Il avait l'écume aux lèvres, comme un animal aux abois. Ses pieds pivotaient sans discontinuer. Le docteur Z se déplaçait lentement vers l'inspecteur légèrement assoupi.

Dire que Zumtod regardait Agatha Christie d'un mauvais œil relevait de l'euphémisme.

VOUS NE M'AUREZ PAS! ÉCRIVAINS DE QUINCAILLERIE!
ZUMTOD, NE VOUS METTEZ PAS DANS CET ÉTAT, ESPÈCE DE CHAUVE-SOURIS HUMAINE!
J'AVAIS VU JUSTE, C'EST EXTRAORDINAIRE! COMME JE SUIS CONTENTE!
?
CLAP CLAP
DOROTHY, SORTEZ VOTRE FLINGUE AVEC À-PROPOS, POUR UNE FOIS...
AHAH!
Clic Clic
BOTHER IT! JE N'AI PLUS DE BALLE!
CLIC CLIC

Je tendis alors à Agatha le plateau sur lequel étaient posés le seau et...
UN VERRE DE SHERRY, MADAME CHRISTIE ?
... la pince à glace.
UN PEU DE GLACE ?
MERCI, FU. JE VAIS ME SERVIR.
Elle lut dans mes pensées.
La baronne battit le record du monde de saut en hauteur départ assis lorsque Agatha lui pinça la cuisse.
RRR
RRR
ZZZ
COUIC
Elle bondit comme un faisan pris au nid...
... et faillit toucher le plafond. Zumtod en perdit ses moyens.
?!?

Carr prit l'initiative de vider sa pipe sur la main du docteur Frankenstein.
Chesterton tira sa canne-épée pour désarmer Zumtod...
... et mit dans le mille.
Le major Mason réveilla son glorieux passé de *fast bowler* de cricket...
... avec un cendrier en guise de balle.
Le parapluie de l'inspecteur Widgeon tint lieu de batte pour le père Knox.

Un dénouement qui eût enchanté Sherlock Holmes et même Hercule Poirot, l'abbé Brown, Gideon Fell, Lord Peter Wimsey, l'inspecteur Hanaud, Miles Bredon et Lady Molly de Scotland Yard.

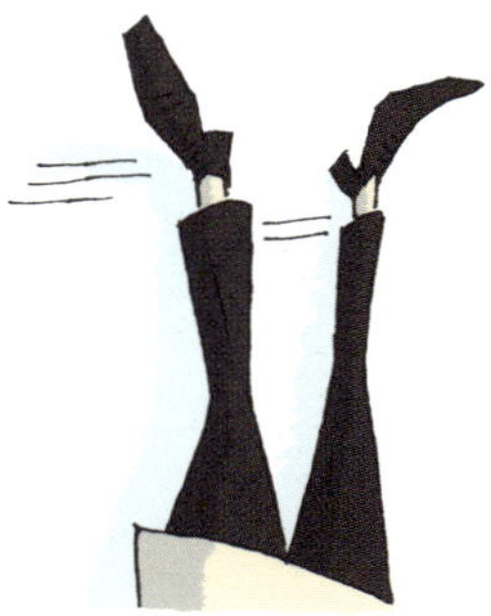

AH, JE SUIS SI ÉMU...
C'EST LA PREMIÈRE FOIS EN QUARANTE ANS QUE J'UTILISE MA CANNE-ÉPÉE...
CE N'EST PAS FAUTE DE LA SORTIR À LA MOINDRE OCCASION.
MES AMIS, L'ÂGE DE LA CHEVALERIE N'EST PAS MORT ! CE GENRE DE CONDUITE NOUS AURAIT VALU EN SON TEMPS UNE INTRONISATION À LA TABLE RONDE !
ABSOLUTELY !
VOUS AUSSI, CARR, VOUS AURIEZ ÉTÉ INTRONISÉ, QUOIQUE AMÉRICAIN...
JE SUIS BIEN HEUREUSE D'AVOIR FAIT MA PART DANS CETTE ARRESTATION
FU, NOUS SERVIRIEZ-VOUS UN PEU DE SHERRY ? ON THE ROCKS !
TOUT DE SUITE, MADAME LA BARONNE.
PASSEZ LES MENOTTES À CE REPTILE BARBU ET, SI VOUS VOULEZ VOUS RENDRE UTILE, RETROUVEZ MON PARAPLUIE...
J'ESPÈRE, KNOX, QUE VOUS NE PORTEREZ PAS À MON PASSIF LES MOTS DE " CURAILLON HYSTÉRIQUE " QUI ONT ÉTÉ DITS DANS LE FEU DE LA CONVERSATION...
PUISQUE NOUS ABORDONS LE SUJET, J'ADMETS QUE LE SOUHAIT D'ÉCRASER MA CHAUSSURE SUR VOTRE MONOCLE ÉTAIT TRÈS EXAGÉRÉ.
J'ÉTAIS ÉMU. J'AI DIT N'IMPORTE QUOI.
OUBLIONS ÇA !
C'EST LA SEULE CHOSE À FAIRE.
YOU'RE A SPORT.
SAVEZ-VOUS QUE SHERLOCK ET HOLMES ÉTAIENT DEUX JOUEURS DE CRICKET DE MINOR LEAGUE DONT CONAN DOYLE EMPRUNTA LES NOMS ?
FASCINATING.

Le lendemain, Agatha Christie savourait sa victoire. Après avoir soupçonné à peu près tout le monde, elle prouvait qu'une horloge cassée peut avoir raison deux fois par jour. Il ne faut jamais renoncer à croire une femme aux théories invraisemblables sous prétexte qu'elle a des théories invraisemblables.
J'AI TOUJOURS PENSÉ QU'UNE FEMME À LA TÊTE DE LA POLICE LA RENDRAIT MEILLEURE...
LA POLICE ?
CES FEMMES ! ELLES SONT À LA CONQUÊTE DU MONDE !
MAIS C'EST DÉJÀ FAIT, MON AMI !
NOUS POURRIONS ALLER DANS LA TAVERNE DE PENTREATH ET CE SERAIT VOTRE TOURNÉE, AGATHA...
DING DONG
CROYEZ-VOUS QU'ILS AIENT DU CHAMPAGNE ?
JE NE PENSE PAS.

Widgeon fit une entrée remarquée.

IL S'EST NOYÉ DANS DU VIN, MESSIEURS-DAMES !
ENFERS ! SI VOUS ME PARDONNEZ L'EXPRESSION !
VOUS ÊTES PARDONNÉ, PÈRE KNOX.
CE GHYLL, MÊME MORT, IL FAIT DES PROBLÈMES !
QU'ALLEZ-VOUS NOUS APPRENDRE MAINTENANT ? ... QUE SON SQUELETTE A ÉTÉ RETROUVÉ DANS LE PLACARD ?
QUE SES LUNETTES SONT SUR LE TOIT ?
QUE SON DENTIER EST SUR LA LUNE ?...
POUR PALAIS ILS N'ONT QU'UN TAUDIS
POC
POC
C'EST LA CANAILLE EH BIEN J'EN SUIS
ENFIN, IL EST MORT HEUREUX...
PLEIN COMME UN OEUF.
IVRE MORT !
DEAD DRUNK.
VOTRE DÉMONSTRATION EN PÂTIT MADAME CHRISTIE...
HAHA, C'ÉTAIT «ROBOT» POUR ÊTRE VRAI !
QUELLE INSOLENCE, CE GHYLL !

HUM, HUM ...
SEPT DÉTECTIVES S'EN ALLÈRENT À LA PÊCHE...
UN CADAVRE ILS Y TROUVÈRENT ET SE POSÈRENT BIEN DES QUESTIONS ...
CHERS AMIS,
LE MEURTRE EST UN PUZZLE. SANS LA DERNIÈRE PIÈCE, ON NE PEUT VOIR L'ENSEMBLE.
FLAP
ALLEZ CHERCHER FU, ALPHONSE, MADELINE, LES VEUVES ET LES ORPHELINS ET...
SUIVEZ-MOI !
POM POM POM

Chesterton parlait souvent en ses écrits de la vache, qui, dans la comptine, saute par-dessus la lune...
COMME VOUS ET MOI ASSURÉMENT CET HOMME EST MORT D'AVOIR VÉCU

À la tête de notre petite troupe, le voilà qui prenait son envol vers la vérité. Son corps de géant, appuyé sur sa canne-épée, son entrain systématique et sa probité d'enfant nous guidaient dans le labyrinthe de cette étrange affaire.

Elle atteignait, à mon avis, le sommet de l'étrangeté.
MES CHERS AMIS, POURQUOI FAUT-IL QU'IL Y AIT TOUJOURS UN COUPABLE ?

BIEN SÛR, LE MAL EXISTE ET NOUS L'INCARNONS PARFOIS DANS NOS PETITES HISTOIRES PAR DES MÉCHANTS INVRAISEMBLABLES...
MAIS CE QU'IL FAUT METTRE EN CAUSE...
N'EST-CE PAS LA DÉMESURE, QUI FAIT PARTIE INTÉGRANTE DE LA CONDITION HUMAINE MAIS QUI SE HEURTE TOUJOURS AUX LIMITES DE L'HOMME ?
NE FAUT-IL PAS BLÂMER CETTE PULSION MORTIFÈRE DE L'ACHÈVEMENT QUI NOUS CONDUIT À NOTRE PERTE ?
VOILÀ CE QU'ÉTAIT GHYLL : VICTIME ET COUPABLE...
AVEC SON RÊVE ARCHAÏQUE D'EXISTER SANS LA SURPUISSANCE DE LA NATURE...
IL VOULAIT EXISTER SANS LA SOUFFRANCE D'EXISTER.
EXISTER SANS LA PESANTEUR.

POURQUOI RODERICK GHYLL A-T-IL MIS EN SCÈNE SA PROPRE MORT ?
C'ÉTAIT UN DÉFI LANCÉ AU DETECTION CLUB, UNE BRAVADE ADRESSÉE À SES MEMBRES : NOUS AUTRES ÉCRIVAINS, SOUCIEUX DES MYSTÈRES HUMAINS.
GHYLL VOULAIT MONTRER LA VOIE DE MACHINES SUPÉRIEURES, CAPABLES D'ÉMOTIONS, DE PASSIONS, D'ACTIONS IMPROVISÉES... ET DE MEURTRE !
AU SECOURS !
À MOI !
UNE MACHINE TOTALE QUI RENDRAIT L'HUMAIN INUTILE, SUPERFLU.
LE MILLIARDAIRE A SEMÉ LE DÉSORDRE DANS SA CHAMBRE ET PROJETÉ LA SCULPTURE DE PIE EN LAP À TRAVERS LA FENÊTRE.
CLING
IL A ACCROCHÉ UN BOUT DE SON PYJAMA À UN CARREAU BRISÉ ET A JETÉ LA ROBE DE CHAMBRE QUE NOUS AVONS VUE COULER.
HÉHÉ...
UNE MISE EN SCÈNE GROSSIÈRE ACCUSANT LE ROBOT.
PUIS GHYLL S'EST RÉFUGIÉ DANS LE "VENTRE" DE L'AUTOMATE POUR ACHEVER SA FARCE MACABRE...
IL AVAIT AUPARAVANT "VIDÉ" LE ROBOT DE SA MÉCANIQUE ET L'AVAIT DISSIMULÉE SANS L'ENDOMMAGER DANS UN RECOIN DE LA PIÈCE.
JE CROIS QU'AU FOND, GHYLL RÉALISAIT SON RÊVE INFANTILE D'ÊTRE LA MACHINE... D'ÊTRE DIEU.

ERIC DISAIT JUSTE EN PRÉTENDANT ÊTRE LA CAUSE DE LA MORT DU NABAB. TOUTEFOIS, CE N'EST PAS LA MACHINE QUI TUE, CE N'EST PAS LA CRÉATURE DE FRANKENSTEIN QUI S'EN PREND À SON CRÉATEUR MAIS LE RENONCEMENT DE L'HOMME À RÉFLÉCHIR QUI LUI EST FATAL. QUAND IL DÉLAISSE SA RAISON, IL MEURT. SE GLISSER DANS LA MACHINE, C'ÉTAIT COMME RECOURIR À UN PASSAGE SECRET, UN PASSAGE SECRET PHYSIQUE ET MENTAL POUR GHYLL.

TOUT LE MONDE A ÉTÉ PRIS. SON JEU SE DÉROULAIT À MERVEILLE. C'EST ALORS QUE GHYLL, ENFERMÉ DANS LA MACHINE, S'EST VU MENACÉ PAR MASON QUI VOULAIT ENLEVER LE ROBOT ET PAR LE PÈRE KNOX QUI VOULAIT LE DÉTRUIRE.

LE MILLIARDAIRE A FUI LA VILLA AVEC LE MONOCYCLE... N'ÉTAIT-CE PAS LÀ UN SIGNAL? QUI D'AUTRE QUE GHYLL AURAIT EU L'IDÉE DE S'ÉCHAPPER AVEC CE VÉHICULE LOUFOQUE?

JE SAIS QUE VOUS AIMEZ LES INDICES... QU'IL VOUS EN FAUT !
JE PRÉFÈRE LIRE LES FAITS, LES INTERPRÉTER, FORT DE MON EXPÉRIENCE DE L'ÂME HUMAINE.
DES INDICES, IL Y EN A TOUTEFOIS : L'INTÉRIEUR DU ROBOT — RÉCUPÉRÉ PAR ZUMTOD DANS SON LABORATOIRE — ÉTAIT SOUS NOS YEUX, DANS UNE CAISSE.
LE CORPS DE GHYLL, QUANT À LUI, BRILLAIT PAR SON ABSENCE...
PAS DE CADAVRE DANS LA MER MAIS DES DÉBRIS DE LA PIE EN LAP — CETTE PIE QUI AVAIT DISPARU DU SALON — PARMI LES ROCHERS, SOUS LA FALAISE.
ET GHYLL ?
VRAOUM
GHYLL A ÉTÉ RATTRAPÉ PAR LA PESANTEUR. IL EST TOMBÉ DANS UN TROU. PAS N'IMPORTE QUEL TROU !
BOUM

CE TROU, LE VOICI !
JE L'AI DÉCOUVERT PAR ACCIDENT EN POURSUIVANT LE JEUNE WATKYN.
CHACUN D'ENTRE NOUS DÉTENAIT UNE PARCELLE DE VÉRITÉ : AGATHA SOUPÇONNAIT LE DOCTEUR Z., MASON PRÉTENDAIT QUE LE COUPABLE ÉTAIT CACHÉ DANS LA CHAMBRE CLOSE QUAND NOUS Y ENTRÂMES... MÊME LA BARONNE D'UNE CERTAINE MANIÈRE VOYAIT JUSTE EN NE CHERCHANT RIEN...
??
??
QUANT À DOROTHY SAYERS, ELLE A REMARQUÉ LA PRÉSENCE D'UNE EMBARCATION SUSPECTE, LE SOIR DU MEURTRE...
C'EST LÀ LE PETIT COMMERCE D'UN CONTREBANDIER QUI A DÉJÀ FAIT DE LA PRISON POUR CELA, N'EST-CE PAS, AL?
?!?
HOLÀ CAMARADE CHESTERTON: J'SUIS REMISE! OUI, J'AI ÉTÉ DEDANS! ET APRÈS? J'VAIS PAS ME LAISSER DÉCOLLER LA SOUPIÈRE SANS RIEN DIRE!
Z'ALLEZ PAS ME METTRE LE REPASSAGE DU PATRON SUR LE DOS!
JE SUIS BLANC COMME LE P'TIT JÉSUS!
GILBERT, VOTRE CANNE, JE VOUS PRIE...
VLAN
AÏE
ALLEZ-VOUS FAIRE UN EFFORT POUR VOUS EXPRIMER CONVENABLEMENT? ON N'Y COMPREND RIEN, CAMARADE IMBÉCILE!...
DITES DONC M'DAME, ON N'A PAS GARDÉ LES VISONS ENSEMBLE!

J'VEUX DIRE QUE J'AI RIEN FAIT, À PART MA P'TITE AFFAIRE DE VINASSE DE RIEN DU TOUT...
À PEINE QUELQUES BARRIQUES LARGUÉES PAR LES COPAINS FRANÇAIS.
JE SAIS QUE VOUS N'ÊTES PAS UN ASSASSIN, ALPHONSE ! GHYLL S'EST TUÉ TOUT SEUL.
NOUS NE VOULIONS PAS TRAHIR VOTRE SECRET MAIS NOUS SOMMES AUJOURD'HUI AU SERVICE DE LA VÉRITÉ !
FAISONS LE TOUR. JE VOUS AMÈNE À LA CRIQUE... VOUS ALLEZ GOÛTER MES TRÉSORS...
BANG
BING
BING
ENTRAVÉ PAR SON ARMURE DE ROBOT, GHYLL A CHUTÉ DANS UNE GALERIE QUI MÈNE AU REPAIRE D'ALPHONSE ET A PLONGÉ LA TÊTE LA PREMIÈRE DANS UN TONNEAU...
LE CUISINIER L'A RETROUVÉ AU PETIT MATIN. IL A CRAINT QUE SON PASSÉ DE VOYOU ET SON ACTIVITÉ DE CONTREBANDE NE LE RENVOIENT EN PRISON.
IL S'EST DÉBARRASSÉ DU CADAVRE EN LE JETANT DANS L'OCÉAN OÙ LA POLICE L'A FINALEMENT REPÊCHÉ...
... LES POUMONS REMPLIS DE VIN.

Al, qui jusqu'à présent « chocottait fort dans son jus », était joliment soulagé après la tirade de Chesterton. Il guida, plein d'amabilité, la troupe vers la crique où il réceptionnait ses tonneaux, tenant Chesterton par le bras comme un naufragé accroché à une bouée de sauvetage.
PAR ICI, MESSEIGNEURS.
TÂTEZ-MOI ÇA ! JE PRÉCISE QUE ÇA VIENT PAS DU TONNEAU OÙ LE PATRON FERMENTAIT !
C'EST DU BON PIF ! DU QUI-FILE-PAS-LA-GUEULE-DE-BOIS !
GLOU GLOU
BUVEZ UN VERRE DE CE PINARD ET VOUS ME PARDONNEREZ MES MARLOUPINERIES, MESSIEURS-DAMES !

CAMARADE FU, DONNE-MOI UN COUP DE MAIN POUR LE SERVICE, VEUX-TU ?
TOUT DE SUITE, CAMARADE GIBIER DE POTENCE.
JE SUIS DE LA CRIMINELLE, ALPHONSE, PAS DES DOUANES... MAIS IL FAUDRA METTRE FIN À CE PETIT TRAFIC !
POUR SÛR, INSPECTEUR.
TENEZ !
REGARDEZ MASON :
C'EST PAR LÀ QUE LE MILLIARDAIRE A DÉGRINGOLÉ.
J'AURAIS VOULU VOIR ÇA !
POIROT L'AURAIT RÉSOLU D'UNE AUTRE MANIÈRE...
MAIS ENFIN, VOUS AVEZ VOTRE STYLE À VOUS QUI NE SE DÉPART PAS D'UNE CERTAINE FLAMBOYANCE...
TROP AIMABLE...
GOÛTE ÇA, CAMARADE POLICIER !
PAS TROP ! PAS TROP ! JE SUIS EN SERVICE, MONSIEUR LE CONTREBANDIER.
VOUS VOULEZ LE FIN MOT DES TATOUAGES, MONSIEUR LE CURÉ ? VOYEZ : "LA BELLE", "L'ÉTOILE DU MALHEUR", ET PLUS LOIN : "PLUTÔT LA MORT QUE CHANGER"...
ET DIRE QU'ON ME TRAITE DE CONSERVATEUR.
INDEED.

Chesterton se tourna vers moi.

Ainsi fis-je mes adieux, un verre à la main, à l'écrivain grand format Chesterton, cet aventurier du quotidien, et à l'énigme du milliardaire volant...
« Le sage s'occupe du ventre et non de l'œil » dit Lao Tseu, à moins que ce ne soit Épicure...

LA CARCASSE DU ROBOT ÉTAIT DEPUIS LONGTEMPS SOUS NOS YEUX.
FLIP
FLAP
COMME DANS "LA LETTRE VOLÉE" D'EDGAR POE, LE CUISINIER ALPHONSE L'AVAIT PLACÉE DEVANT NOTRE NEZ POUR QUE NOUS NE LA VOYIONS PAS.
FLAP
FLAP

VOILÀ NOTRE DESTIN, CHERS AMIS :

ACCEPTER LA TERRASSANTE BEAUTÉ DE CE QUI VA DISPARAÎTRE ...
HURRAH !

LA TERRASSANTE BEAUTÉ DE CE QUI VA DISPARAÎTRE.

Epilogue

DO YOU, MAX MALLOWAN, TAKE AGATHA CHRISTIE AS YOUR WIFE?
I DO.
BRAVO
BRAVO
HIP HIP HIP HURRAH
PAN
PAN
PAN
PAN

CONGRATULATIONS !
C'EST MERVEILLEUX DE VOIR QU'À SON ÂGE, IL EST ENCORE POSSIBLE DE TOMBER AMOUREUX...
AGATHA ? AMOUREUSE ? J'ESPÈRE BIEN QU'À SON ÂGE JUSTEMENT, ELLE EST IMMUNISÉE CONTRE ÇA !
ELLE EST AUSSI DÉLIVRÉE DE LA HANTISE D'ÊTRE UN OBJET SEXUEL.
IL N'Y A PAS DE DOUTE À CE SUJET, HU HU...
VOUS N'Y CONNAISSEZ RIEN : IL FAUT ÊTRE UN HOMME SANS IMAGINATION POUR AIMER LES FEMMES QUI SONT BELLES POUR TOUT POTAGE.
MENDELSSOHN À LA CORNEMUSE, EST-CE BIEN RAISONNABLE ?...

LE BAL EST OUVERT !
WALTZING MATILDA
M'ACCORDEREZ-VOUS CETTE DANSE, CHÈRE AGATHA ?
QUE VOUS AI-JE FAIT POUR MERITER ÇA, GILBERT ?
YOU'LL COME A-WALTZING MATILDA WITH ME
CELA DIT, NE DÉCOURAGEONS PAS LES BONNES VOLONTÉS.
EN PISTE !

AND HE SANG AS HE WATCHED AND WAITED TILL HIS "BILLY" BOILED
"ALLONS, ALLONS, NOUS SOMMES AMIS, UN TOUR DE DANSE AVANT D'ÊTRE MARIÉS, AFIN QUE NOUS PUISSIONS ALLÉGER NOS CŒURS ET LES TALONS DE NOS FEMMES."
YOU'LL COME A-WALTZING MATILDA WITH ME
CE N'EST PAS UNE MACHINE QUI DANSERAIT COMME ÇA !
CROYEZ-VOUS ! VOUS ME FAITES SONGER À UN ROULEAU COMPRESSEUR.
HAHA ! RÉJOUISSEZ-VOUS, AGATHA, TAPEZ DANS VOS MAINS, DANSEZ EN ROND ET MONTREZ VOTRE JOLI SOURIRE DONT TOUT LE MONDE DIT LE PLUS GRAND BIEN ! VOILÀ CE QUI COMPTE : HABITER LE MONDE !
VOUS ÊTES FOU, MON PAUVRE AMI...
L'HOMME EST CHOSE FOLLE, OUI, CHOSE FOLLE...

BONTÉ DIVINE, VOUS AVEZ OSÉ REMETTRE CE TERRIBLE GILET POUR MES NOCES ?
C'EST PARCE QUE JE SAIS QUE VOUS L'AIMEZ !
ET VOUS AURIEZ PU ALLER CHEZ LE COIFFEUR DRESSER CETTE CHEVELURE DE SAUVAGE !
MON DERNIER COIFFEUR S'EST PENDU...
QUELLE FAÇON DE DANSER ! ON DIRAIT QUE VOUS VOULEZ DONNER DES COUPS DE PIED À NOS VOISINS...
ALLONS DONC, JE SUIS UN CHAMPION DE DANSE !
J'AI PRIS DES TAS DE LEÇONS !
AAAAH
ET VOUS LES AVEZ PRISES COMMENT, CES LEÇONS ?
PAR CORRESPONDANCE ?
HA HA !

... MA CHÈRE AGATHA ...

Penser, un soir ou l'autre, à Sherlock Holmes est une
de ces bonnes manies qui nous restent. La mort
avec la sieste aussi. Et notre réconfort,
de respirer dans un jardin, de voir la lune.

Jorge Luis Borges, « Sherlock Holmes »,
Les Conjurés, traduction par Claude Esteban,
La Pléiade, 2010

BIBLIOGRAPHIE SÉLECTIVE

Agatha Christie
Le Meurtre de Roger Ackroyd, 1926
L'Affaire Protheroe, 1930
Le Crime de l'Orient-Express, 1934
A.B.C. contre Poirot, 1935
Mort sur le Nil, 1937
Dix petits nègres, 1939
Poirot quitte la scène, 1975

Gilbert K. Chesterton
Le club des métiers bizarres, 1906
Nommé Jeudi, 1908
Les Enquêtes du père Brown, 1911-1935
Magie, 1913
Le Poète et les Fous, 1929
Les Paradoxes de monsieur Pond, 1937

John Dickson Carr
Le Gouffre aux sorcières, 1933
La Maison de la peste, 1934
Trois cercueils se refermeront, 1935
La Chambre ardente, 1937

Ronald Knox
The Viaduct Murder, 1925
Essays in Satire, 1928

A. E. W. Mason
Les Quatre Plumes blanches, 1902
Le Trésor de la villa rose, 1910
L'Affaire du Sémiramis, 1932

Emmuska Orczy
Le Vieil Homme dans le coin, 1909
Lady Molly of Scotland Yard, 1910
Les Aventures du Mouron rouge, 1929

Dorothy L. Sayers
Lord Peter et l'inconnu, 1923
Lord Peter et le mort du 18 juin, 1932
Le Coeur et la Raison, 1935

L'Amiral flottant est un roman policier écrit par les membres du Detection Club en 1931.

Remerciements :
Jérôme Alvarez, Charlotte Arnautou, Anaïs Aubert, Laurent Bibard,
Tifenn Blain, Nicolas Espitalier, Michel Guérin, Marie-Paule Guérin,
Marie-Christine Harambat, François Hartog, Patrick Hersant, Pierre Manent,
Isabelle Merlet, Pauline Mermet, Lionel Niedzwiecki, Jean-Pierre Ohl,
Véronique Ohl, Emmanuel Pollaud-Dulian, Jean-Jacques Rouger, Adrien Samson.

Du même auteur :
Opération Copperhead, Dargaud, 2018
Un pour tous (abécédaire), Actes Sud BD, 2016
Ulysse, les chants du retour, Actes Sud BD, 2013
En même temps que la jeunesse, Actes Sud BD, 2011
Grands Reporters (collectif), Édition les Arènes, 2012
Hermiston (deux volumes et intégrale), Futuropolis, 2011, 2018
Les Invisibles, Futuropolis, 2008

Cet album a été imprimé sur papier issu de forêts gérées de manière durable et équitable.

© DARGAUD 2019 PREMIÈRE ÉDITION
www.dargaud.com Tous droits de traduction, de reproduction
et d'adaptation strictement réservés pour tous pays.
Édition classique : Dépôt légal octobre 2019 • ISBN 978-2205-07943-2
Édition Canal BD : Dépôt légal octobre 2019 • ISBN 978-2205-08390-3
Imprimé et relié en septembre 2019, par Stige, 110 via Pescarito, San Mauro – Italie

Christie
Ten Little Indians
Previously published as AND THEN THERE WERE NONE
The Three Taps
Ronald Knox
AGATHA CHRISTIE
THE SELECTED
G. K
Chester
The VIADUCT MUR
Ronald A. Knox
A Dr FELL OMNIBUS
Dickson Carr
Join the Jury with
DOROTHY L
SAYERS
COLLINS 1/- NOVELS
WHOSE BODY?
DEATH ON THE NILE
AGATHA CHRISTIE
A POIROT STORY
THE FLOATING ADMIRAL
THE FLOATING ADMIRAL
A COMPLETE NOVEL
STEP IN
A Detective Novel of all the Talents
OF
FATHER BROWN
JOHN DICKSON CARR
THE CROOKED
HINGE
John Dickson Carr
Murder by Dea
ESSAYS IN SATIRE
BY
RONALD A. KNOX
G. K. CHESTERTON
The Amazing
Adventures of